からだを動かすしくみ
第2版

運動生理学の基礎からトレーニングまで

中本　　哲
井澤　鉄也　著
若山　章信

株式会社 杏林書院

執筆者

中本　　哲（東京女子体育大学　教授　博士〈医学〉）　　　　　　　　　　1〜3章

井澤　鉄也（同志社大学スポーツ健康科学部　教授　薬学博士）　　　　　4〜7章

若山　章信（東京女子体育大学　教授　博士〈学術〉）　　　　　　　　　　8，9章

改訂の序

　初版では理解を助ける意味で図表を多く取り入れたり，メモをしやすいように各ページに余白を設けたりした．実際に授業で使用したが，この余白いっぱいに書き込みを入れたり，色分けをしてラインを引く学生が多くみられた．

　今回の改訂では，これらに加えて専門用語以外にもできるだけふりがなを付けるようにしたこと，および難解と思われる箇所は削除ないし平易な文章にすること，説明不足な点では図表を入れて加筆するように努めた．中でも運動におけるエネルギーに関しては，もう少し詳細が知りたいという声があり，「運動時のエネルギー代謝の調節機構」とタイトルを付けて1章追加した．

　より読みやすくかつ理解しやすいものとなったと考えているが，今後とも多くの感想・意見等いただければ幸いである．

2007年1月
著者一同

初版の序

　健康志向の影響から運動の重要性が指摘されて久しい．そのため，スポーツ指導者あるいはそのような職種を志望する学生にとっては，「運動が体に与える影響あるいは運動することにより体はどのような変化を示すのか．」「からだを動かすしくみはどのようになっているのか．」という疑問に対して多くの関心を寄せていることであろう．

　しかし，大学・短大さらには専門学校で「運動生理学」や「スポーツ生理学」の講義を行ってきた中で時折耳にするのは，「用語が理解できない．」「今どこの部分を勉強しているのかわからない．」，あるいは「今の内容はどこに関連しているのかわからない．」という声である．確かに専門用語が多く理解しづらいことであろうと思う．

　そこで，本書ではこれらの問題を含め運動生理学の入門書的な意味合いを念頭に置いて各章毎に概要を示した．まずはその内容（幹の部分）を理解した上で個々の内容に進み，多くの枝や葉に相当する内容へと広げていってほしいと願っている．また，1章には目次と重複するが各内容の関連を図示したので，全体のつながりや今読んでいる内容はどこに関連するのかを確認しながら理解に努めてほしい．

　その他に，図表を多く取り入れたり，メモをしやすいように各ページに余白を設けたりと，あれこれと考えたものの，逆に説明不足など至らない箇所があるかとも思う．それらの点については今後，漸次，改訂していきたいと考えている．

　本書を通して，「からだを動かすしくみ」への理解の一助になれば幸いである．

2001 年 1 月
著者一同

Contents

1章 「からだを動かすしくみ」の概略 ... 1

2章 筋への運動情報の伝達 ... 3
1. 神経系区分 ... 3
2. 中枢神経系 ... 3
   1) 脳 ... 5
   2) 脊髄 ... 6
3. 末梢神経系 ... 6
4. 興奮の伝達経路 ... 8
   1) 随意運動 ... 8
   2) 不随意運動 ... 10
5. 神経の構造と機能 ... 12
   1) ニューロン ... 12
   2) 興奮の伝達 ... 12
6. 筋の構造と機能 ... 13
   1) 筋の分類 ... 13
   2) 筋の構造 ... 14
   3) 興奮の伝達 ... 15
   4) 筋の特性 ... 15

3章 運動のエネルギー ... 19
1. エネルギー供給機構 ... 19
2. 酸素摂取量 ... 22
   1) 換気量 ... 24
   2) 肺拡散能力 ... 27
   3) 血液による酸素運搬能力 ... 28
   4) 心拍出量 ... 30
   5) 筋組織における酸素の取り込み能力 ... 35
3. 運動と酸素摂取量 ... 36
4. エネルギーの指標 ... 37
   1) RMR と MET (S) ... 37
   2) RQ ... 37

4章 運動時のエネルギー代謝の調節機構 ... 41
1. グルコース代謝の調節 ... 41
2. 脂肪代謝の調節 ... 43
   1) 脂肪酸の供給 ... 43

2）骨格筋における脂肪酸酸化経路と運動 ……………………………… 44
　3．アミノ酸代謝の調節 …………………………………………………… 46

5章　ホルモンによる運動の調整 …………………………………………… 49
　1．ホルモンの分泌を調節するしくみ ……………………………………… 49
　2．標的細胞におけるホルモンの作用機序 ………………………………… 53
　3．運動時のホルモン分泌動態 ……………………………………………… 53
　　　1）さまざまなホルモンの変化と作用 …………………………………… 54
　4．女性ホルモンと運動 ……………………………………………………… 65
　5．運動時のホルモン分泌制御機構 ………………………………………… 68

6章　疲　労 …………………………………………………………………… 71
　1．疲労が起こるしくみ ……………………………………………………… 71
　　　1）筋中のクレアチンリン酸の枯渇 ……………………………………… 71
　　　2）筋中の水素イオンの蓄積 ……………………………………………… 72
　　　3）筋中のグリコーゲンの消耗 …………………………………………… 74
　　　4）低血糖症 ………………………………………………………………… 74
　　　5）血中アミノ酸濃度の変化 ……………………………………………… 75
　2．疲労の予防 ………………………………………………………………… 76
　　　1）クレアチンの補充（サプリメント）の効果 ………………………… 76
　　　2）H^+の蓄積を防ぐ …………………………………………………… 76
　　　3）筋グリコーゲン量を増す ……………………………………………… 77
　　　4）低血糖を避ける ………………………………………………………… 77
　　　5）アミノ酸サプリメント ………………………………………………… 77

7章　環境の影響 ……………………………………………………………… 79
　1．体温調節のしくみ ………………………………………………………… 79
　　　1）体の熱発生器官 ………………………………………………………… 79
　　　2）体温調節中枢 …………………………………………………………… 79
　　　3）体温の放散 ……………………………………………………………… 80
　　　4）運動と熱放散機構 ……………………………………………………… 83
　　　5）さまざまな環境と運動 ………………………………………………… 85

8章　トレーニングの基礎概念 ……………………………………………… 89
　1．スポーツトレーニングの最適時期 ……………………………………… 91
　2．スポーツトレーニングの原則 …………………………………………… 93
　　　1）全面性の原則 …………………………………………………………… 94
　　　2）専門性の原則 …………………………………………………………… 94
　　　3）個別性の原則 …………………………………………………………… 94

4）反復性の原則 ································· 94
　　　5）漸進性の原則 ································· 94
　　　6）意識性の原則 ································· 95
　3．体力トレーニングおよびコンディショニング ········ 95
　　　1）テーパリング ································· 96
　　　2）サーカディアンリズム ························· 96
　　　3）グリコーゲンローディング ····················· 97
　　　4）減　量 ······································· 97
　4．体力トレーニングの原理 ·························· 97
　　　1）過負荷（オーバーロード）の原理 ··············· 98
　　　2）特異性の原理 ································· 98
　　　3）可逆性の原理 ································· 98
　5．科学的トレーニングとは ·························· 98

9章　体力トレーニングの実際 ·········· 101
　1．非乳酸性パワー ·································· 101
　　　1）非乳酸性パワー（FG線維）のトレーニング ······ 101
　　　2）レジスタンストレーニングの効果 ··············· 102
　　　3）レジスタンストレーニングの種類と方法 ········· 107
　　　4）もっとも効果的なレジスタンストレーニング ····· 109
　2．乳酸性パワー ···································· 111
　　　1）乳酸性パワー（FOG線維）のトレーニング ······· 111
　　　2）乳酸性パワートレーニングの種類・方法と
　　　　　トレーニング効果 ··························· 113
　3．有酸素性パワー ·································· 115
　　　1）有酸素性パワー（SO線維）のトレーニング ······ 115
　　　2）有酸素性パワートレーニングの効果 ············· 117
　　　3）有酸素性パワートレーニングの種類・方法 ······· 119
　　　4）健康の保持増進のための有酸素運動 ············· 120
　　　5）消費エネルギー ······························· 122

　資　料 ·· 125
　索　引 ·· 138

「からだを動かすしくみ」の概略

　運動とは物理学では「物体の移動」，体育学では「身体活動」を意味するが，運動生理学では「筋の活動（筋の収縮）」を意味する．そのため本書の「からだを動かすしくみ」は，常に筋の活動に連係することを念頭に置いて記述した．その概略として次頁のような「からだを動かすしくみ体系」を示したので，本書を読むときに今はどこの箇所なのか意識して読むことを勧めたい．また，脳・神経・筋・エネルギーの箇所は「からだを動かすしくみ」の根幹となる領域であるので，最低限この領域に関しては理解しておく必要がある．そして理解度によってこの根幹に関連する領域（→で示した）へと挑戦してほしい．

　それでは「動く」ためにはまず何が必要かといえば，脳における情報処理と脳からの命令である．「どのように動くのか」ということは脳で判断し，その命令が筋へ伝えられ筋が活動することになる．この命令を伝えているのが神経である．しかし，「今の動きは正しいのか」を知るためには，活動した筋の感覚が脳に伝えられ，今の動きに関する情報が整理され，次の動きについての判断がなされる．そして，「今の動きは大きすぎる」と判断されれば，「筋の発揮する力を少し弱くする」内容の命令が出される．このようなことの繰り返しにより，次第に「正しい，あるいは思ったような動き」ができるようになる．このようなしくみを理解するためには「脳・神経の機能」と「筋の特性」，そしてこれらの関連について知っておかなければならない．同様に，「長く運動をするためには」ということになると，大気中の酸素が筋にまで到達し，糖質や脂質を分解して運動に必要なエネルギーを合成することになる．しかし，大気中の酸素が筋にまで到達するには，肺・心臓・血液などの機能さらには環境（気温・湿度・気圧など）・ホルモンなどを関連づけて理解しなければならない．

　また，より高い体力レベルを望むとなれば「トレーニングの行い方およびその効果」についての理解が必要となる．

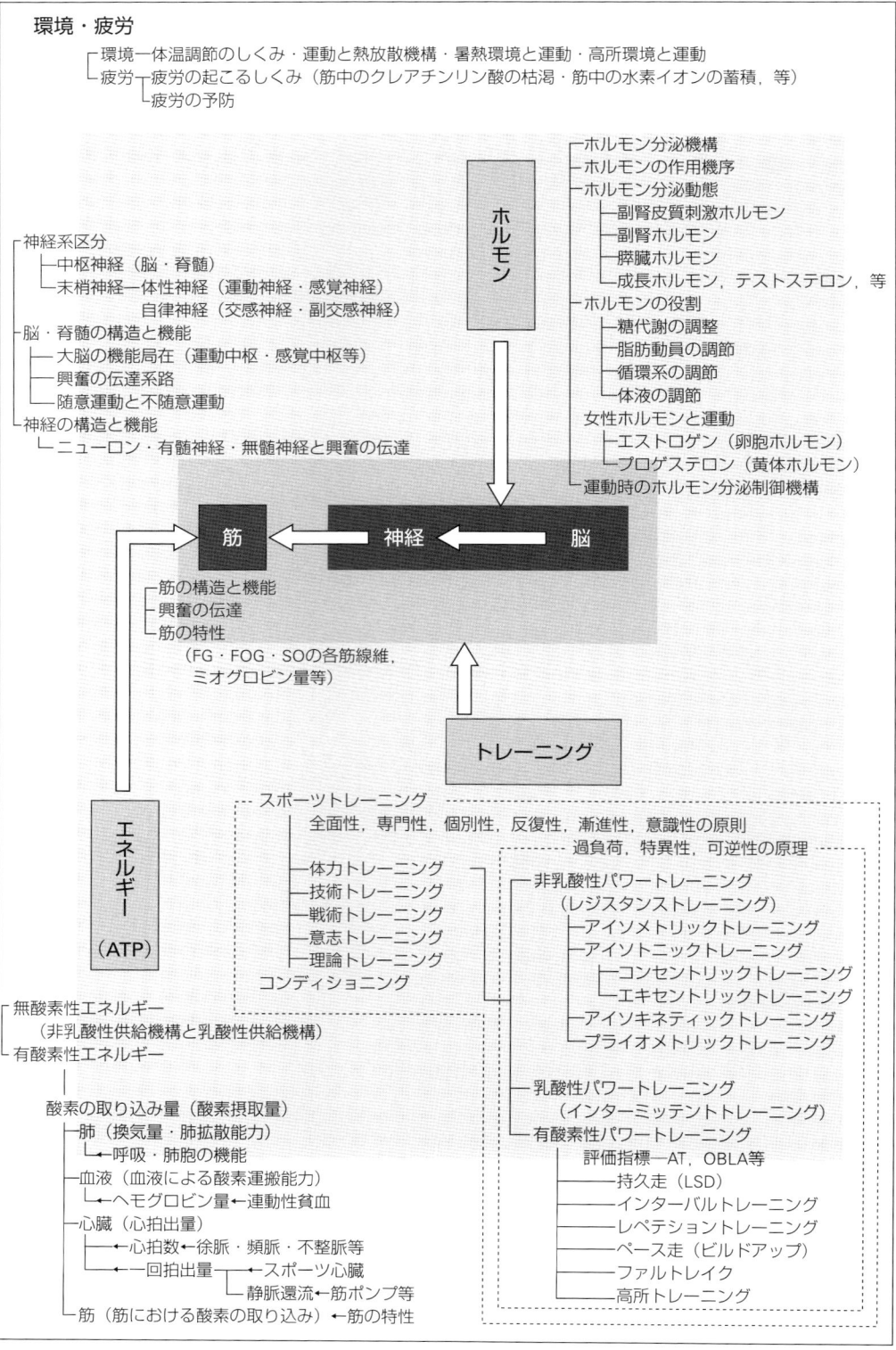

第2章 筋への運動情報の伝達

　筋の活動には自らの意志によって行われる随意運動と，意志とは無関係に行われる不随意運動とがある．

　随意運動は，刺激に対して受容器（感覚器）がその感覚を捉え，後根・脊髄の後角を経由して大脳に送られる．大脳ではその刺激が過去にあった刺激なのかどうかを確認し，それに対する対応を創造・判断し命令を出す．命令は脊髄を下行し，脊髄前角にある運動神経細胞に到達する．その後，前根を通って筋に到達するが，これら命令を伝える神経は筋に到達した時点で終わりとなる．この場所を神経終板あるいは神経終末と呼ぶ．神経終板からは伝達物質であるアセチルコリンが分泌され，T管（横行小管）を経由して筋のZ膜に到達する．Z膜とZ膜で仕切られた部位を筋節と呼び，これが筋の最小単位となっている．筋節にはアクチンフィラメントとミオシンフィラメントの2種類があり，Z膜が興奮するとこれらが滑走することにより筋節は短縮し，筋全体が収縮することになる．つまり，運動の発現ということになる．その際，筋の発する筋力・筋持久力，あるいは動きの正確さ・柔らかさ，等の問題は，脳・神経・筋の特性とそれらの協応性，酸素の取り込み（第3章参照），ホルモン（第5章参照）などに影響を受けている．

　不随意運動には，反射運動と自動運動とがある．

1．神経系区分

　神経系の区分は，大きく中枢神経系と末梢神経系に分けられる（表2-1）．

2．中枢神経系

　中枢神経系は，脳と脊髄とから構成されている（図2-1）．

表 2-1 神経系区分

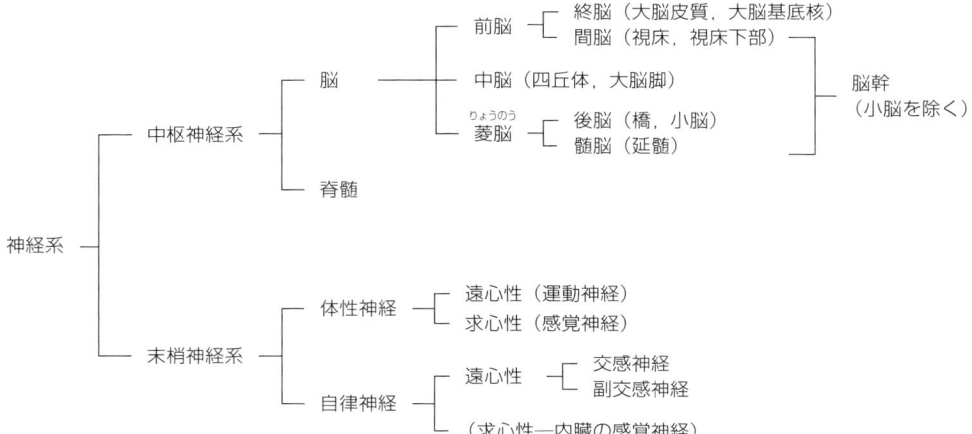

(真島英信ほか:人体生理の基礎. 杏林書院, 1982)

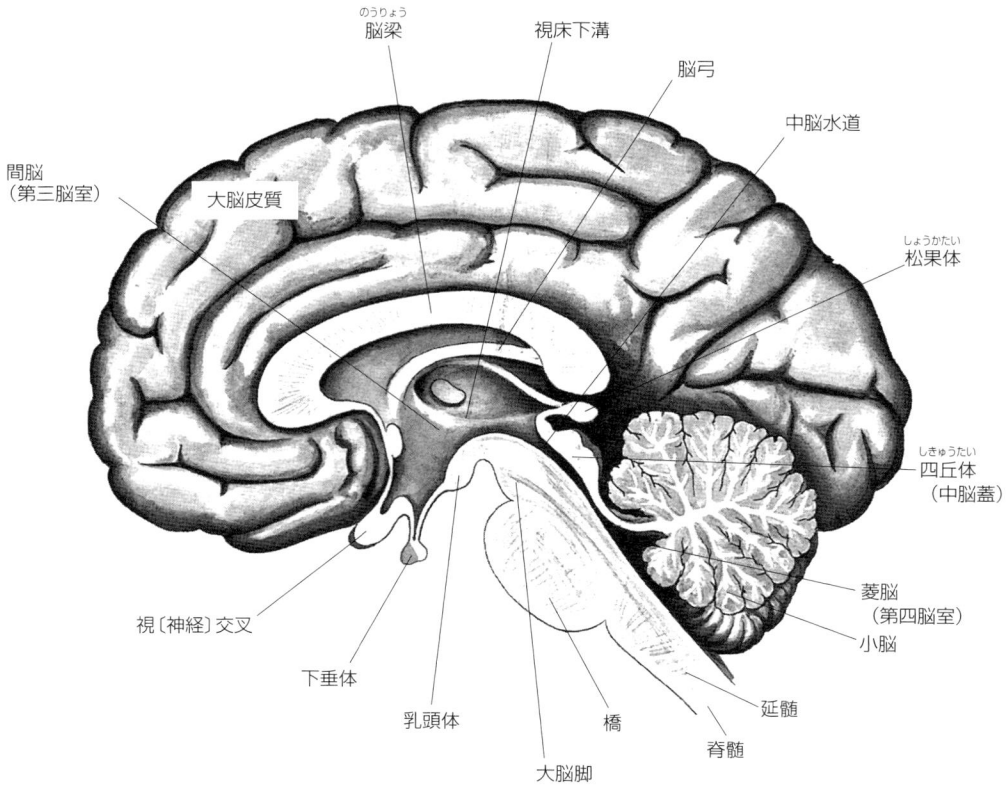

図 2-1 **中枢神経系**(三井但夫ほか:新版 岡嶋解剖学. 杏林書院, 1986 を一部改変)

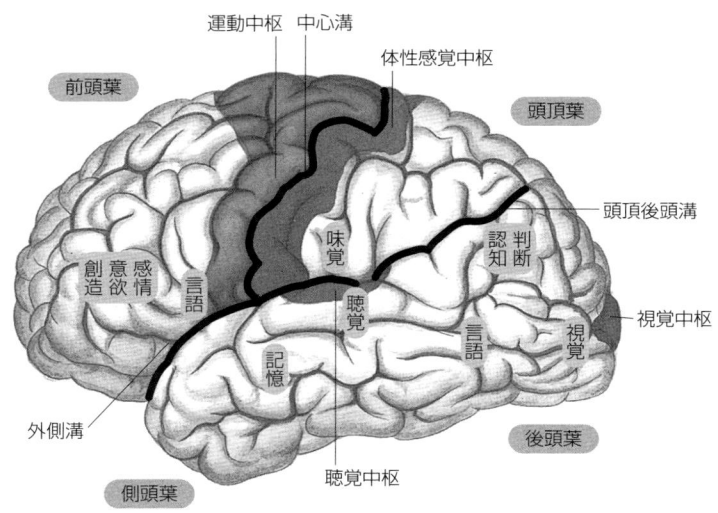

図 2–2　大脳新皮質の機能局在
（三井但夫ほか：新版　岡嶋解剖学．杏林書院，1986 を一部改変）

1）脳
(1) 大　脳

　大脳は左右の半球から，そして大脳皮質は 3 つの層から構成されており，表面から新皮質・旧皮質・古皮質に区別される．さらに，旧皮質と古皮質の両者を合わせて大脳辺縁系と呼び，生命維持や種族保存に関与することから「本能の脳」と呼ばれている．一方，新皮質は前頭葉・頭頂葉・後頭葉・側頭葉の 4 つの領域に分けられ，前頭葉では意欲・創造など総合的な機能，頭頂葉は体性感覚・運動，後頭葉は視覚，側頭葉は記憶などにかかわる中枢が局在しており（「大脳の機能局在」という：図 2–2），「理性あるいは知性の脳」と呼ばれている．また，ブロードマンは新皮質を 52 の領域に分類している．

　人が社会的に生活する上でこの新皮質の機能が重要な役割を果たしている．しかし，アルコールや薬物などによりこの新皮質が麻痺すると「本能の脳」が活躍することになり，非常に迷惑な存在になることもある．また，何らかの事故などのときに「打ち所が悪かった」などということがあるが，大脳の機能局在から考えれば納得できることであろう．

(2) 脳　幹

　脳幹は，間脳・中脳・橋・延髄を含めた総称であり，末梢神経の中の脳神経の中枢が存在しているところでもある．

　間脳は終脳と中脳の間に位置しており，視床・視床上部・視床後部・視床下部に分けられる．中でも視床下部は体温調節・摂食中

枢・飲水調節など自律神経系の統合中枢となっており，生命の維持にとって大変重要なところである．

中脳・橋・延髄は，機能的に連続しており，その機能としては単に脳からの命令や脳へ向かう感覚の中継点というだけでなく，呼吸運動・心臓の活動・血管運動などに関係する中枢など，生命の維持に不可欠な機能が存在している．

(3) 小　脳

小脳は，大脳後頭葉の下部にある．その機能は，筋の緊張を調節して身体の平衡機能・姿勢維持・随意運動の調整をしている．そのため，小脳に障害が起きると筋の緊張を調節することができなくなり，平衡障害・振戦（ふるえ）など運動機能全般に影響することになる．

2) 脊　髄

脊髄は中脳・橋・延髄に続く部分である．

図2–3は頚髄上部の横断面であるが，内側にアルファベットの「H」のようなやや白い部分と，その外側のやや灰色の部分に分けられている．内側は白質といって神経細胞体が集合しており，外側は灰白質といって神経線維が集合している．

白質の部分で身体の後側に突出したところは後角，前に突出したところは前角と呼ぶ．感覚は後角を経由して脳に伝えられ，脳からの命令は前角を経由して筋へ伝えられる．

3．末梢神経系

末梢神経系は，脳・脊髄と体の組織・器官などとを連結する神経であり，身体運動・感覚などの動物性機能に関与する体性神経と呼吸・循環・生殖・体温調節などのような植物性機能に関与する自律神経に分類される．

体性神経の中で脳と連結する末梢神経を脳神経（左右12対：表2–2），脊髄と連結する神経を脊髄神経（左右31対：頚神経8対，胸神経12対，腰神経5対，仙骨神経5対，尾骨神経1対）と呼ぶが，運動あるいは機能的な面からは運動神経・感覚神経とに分けられる．

自律神経には交感神経と副交感神経の2つがあり，交感神経の中枢は胸髄と腰髄に，また副交感神経の中枢は脳幹と仙髄にある．臓器の多くはこの2つの神経の両方が作用しており（図2–4），一方が促進的に働けば他方は抑制的に働いている（表2–3）．たとえば，瞳孔に対しては交感神経が散大に，そして副交感神経が縮小に作用している．このような作用を拮抗作用という．

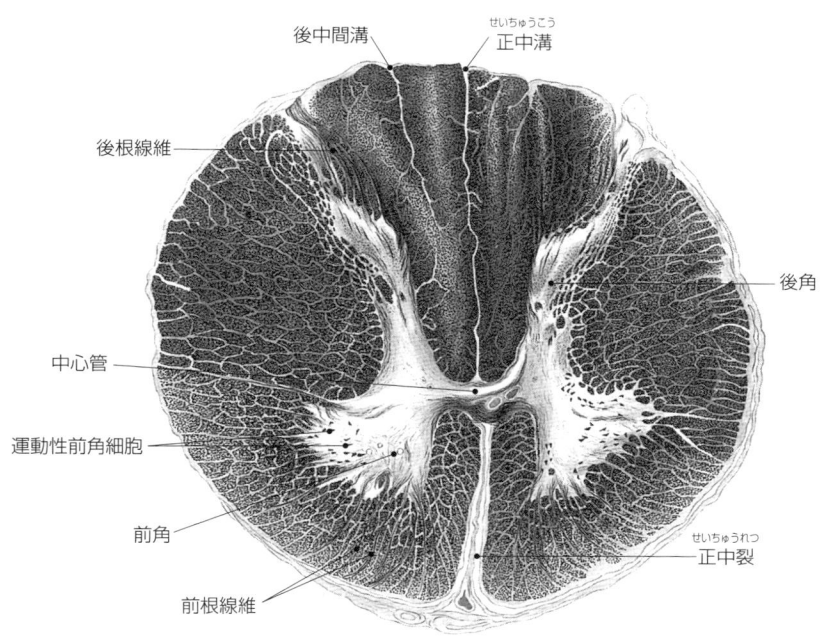

図 2-3 頸髄上部の横断面
（三井但夫ほか：新版 岡嶋解剖学．杏林書院，1986 を一部改変）

表 2-2 脳神経

名称	支配部位	働き
Ⅰ嗅神経	鼻腔の嗅上皮	知覚性：嗅覚
Ⅱ視神経	眼の網膜	知覚性：視覚
Ⅲ動眼神経	眼筋（上斜筋と外直筋を除く）	運動性：眼球の運動
	毛様体筋，瞳孔括約筋	副交感神経性：眼の調節，瞳孔縮小
Ⅳ滑車神経	眼筋のうちの上斜筋	運動性：眼球の運動
Ⅴ三叉神経	頭部・顔面の皮膚	知覚性：頭部・顔部の皮膚，鼻腔，口腔
	鼻腔・口腔の粘膜	粘膜・歯の知覚
	歯，下顎の筋	運動性：下顎の運動
Ⅵ外転神経	眼筋のうちの外直筋	運動性：眼球の運動
Ⅶ顔面神経	顔面筋	運動性：顔面の表情運動
	舌（前2/3）	知覚性：味覚
	唾液腺（舌下腺と顎下腺），涙腺	副交感神経性：唾液分泌，涙の分泌
Ⅷ内耳神経	聴神経の蝸牛，前庭神経の平衡器と半規管	感覚性：感覚，平衡感覚
Ⅸ舌咽神経	咽頭の筋	運動性：嚥下運動
	舌（後1/3），咽頭の粘膜	知覚性：味覚，咽頭の知覚
	耳下腺	副交感神経性：唾液分泌
Ⅹ迷走神経	内臓器官	運動性（副交感神経性）：気管支，心臓，血管，消化管等の運動，消化腺の分泌等
		知覚性：内臓諸器からの求心性の働き
Ⅺ副神経	頸部の筋	運動性：胸鎖乳頭筋，僧帽筋の運動
Ⅻ舌下神経	舌筋	運動性：舌の運動

（伊藤鎚夫：図説人体生理学下巻．新思潮社，1984）

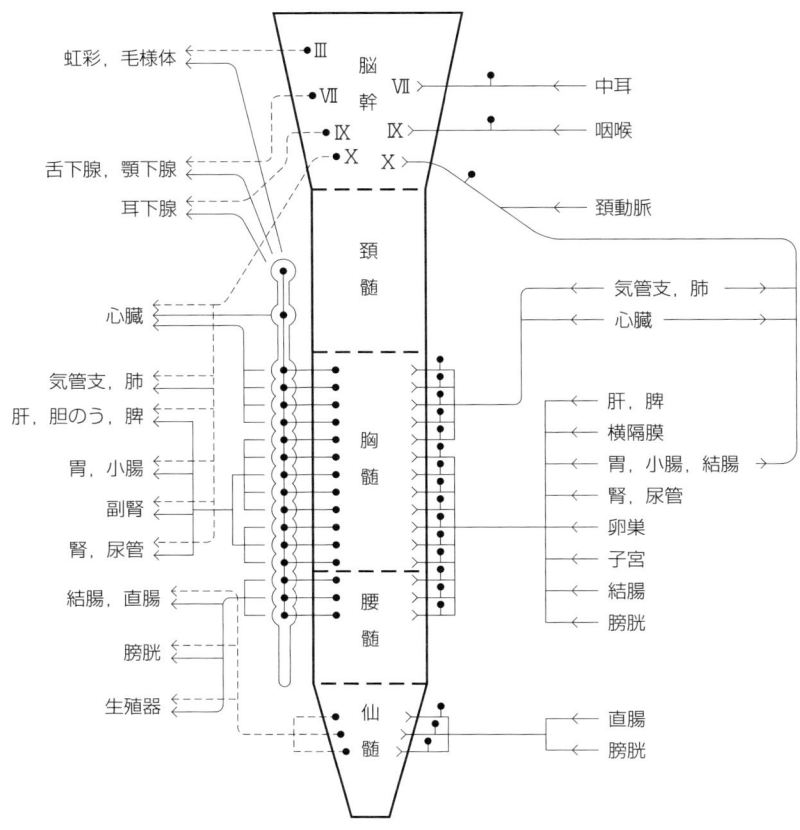

図2-4　自律神経系の経路
図左側の矢印の実線は交感神経系，左側の矢印の点線は副交感神経系．右側の矢印は自律神経求心系．Ⅲ動眼神経，Ⅶ顔面神経，Ⅸ舌咽神経，Ⅹ迷走神経．
（石河利寛：健康・体力のための運動生理学．杏林書院，2000）

　また，刺激の伝導方向によっては遠心性神経（中枢→末梢）と求心性神経（末梢→中枢）に分類される．

4．興奮の伝達経路

1）随意運動

　筋や腱などからの感覚は，求心性経路（感覚神経）により後根・脊髄後角を上行して大脳の感覚中枢などに入り，次に側頭葉の記憶中枢に，そして前頭葉で総合的に判断され，頭頂葉の運動中枢に送られる．運動中枢からは遠心性経路（運動神経）を通って脊髄の前角・前根そして筋へ伝えられる（図2-5）．このように大脳の皮質を経由する，つまり意識を介しての運動を「随意運動」という．また，次に示す「反射」と混同されることが多いが，これは「反応」である．

表2-3 自律神経の機能

臓器	交感神経系		副交感神経系	
	神経	機能	機能	神経
瞳　　　　　　　孔	頚部交感神経	散大（+）	縮小（+）	頭部副交感神経
毛　様　体　筋			収縮（+）	
涙　　　　　腺		分泌（+）?	分泌（+）	
唾　　液　　腺		分泌（+）粘液性	分泌（+）漿液性	
唾　液　腺　血　管		収縮（+）	拡張（血管拡張神経+）	
顔　　面　　血　　管		収縮（+）顔面蒼白	拡張（−）	
顔　　面　　汗　　腺		分泌（+）		
立　　毛　　筋		収縮（+）		
気　管　支　平　滑　筋	胸部交感神経	弛緩（−）	収縮（+）	迷走神経
心　臓　の　拍　動		促進（+）	抑制（−）	
食　　道　　筋		弛緩（−）	収縮（+）	
胃，小腸の平滑筋	大内臓神経	弛緩（−）	収縮（+）	
胃，小腸，膵臓の分泌腺		抑制（−）	促進（+）	
腎　臓　の　分　泌		抑制（−）	促進（+）	
副　腎　髄　質　の　分　泌		促進（+）		
大　　　　腸	小内臓神経	弛緩（−）	収縮（+）	
回　盲　括　約　筋		収縮（+）	弛緩（−）	
膀　　　　胱	下腹神経叢	収縮（+）?	収縮（+）	骨盤神経
内　膀　胱　括　約　筋		収縮（+）	弛緩（−）	
内　肛　門　括　約　筋		収縮（+）	弛緩（−）	
男　性　生　殖　器		射精	勃起	
子　　　　宮		収縮（+）	弛緩（−）	
外　陰　部　血　管		収縮（+）	拡張（血管拡張神経+）	
体幹，四肢の ｛血　　管／汗　　腺／立　毛　筋｝	脊髄神経	収縮（+）／分泌（+）／収縮（+）		な　し

（+）は促進（−）は抑制作用を表す．（真島英信ほか：人体生理の基礎．杏林書院，1979）

　運動中枢からの遠心性経路（運動神経）には錐体路系と錐体外路系の2通りがある（図2-6）．錐体路系は運動中枢にあるブロードマンの第4野から出て延髄にある錐体を通り左右交叉して脊髄前角に至る経路であり，随意運動に関与している．一方，錐体外路系は運動中枢の第6野から出て錐体路以外の経路を通るが，筋の緊張を調整して平衡機能や調整のとれた運動に関与する小脳や大脳基底核などいくつかの核を経由しながら下行し，途中左右交叉をして前角に至る．不随意運動や運動の調整に関与するものである．
　脊髄の前角には2種類の運動神経細胞（運動ニューロン）がある．その1つであるα（アルファ）運動ニューロンは錐体路系と連結しており，筋線維を支配し直接筋を活動させる．この1個の運動ニューロンとそれに支配される筋線維の一群を運動単位（motor unit）あるいは神経筋単位（neuromuscular unit）と呼んでいる．また，1個の運動ニューロンに支配される筋線維数のことを神経支配比といい，支配比が小さいほど繊細な動きに関与している．もう1つはγ

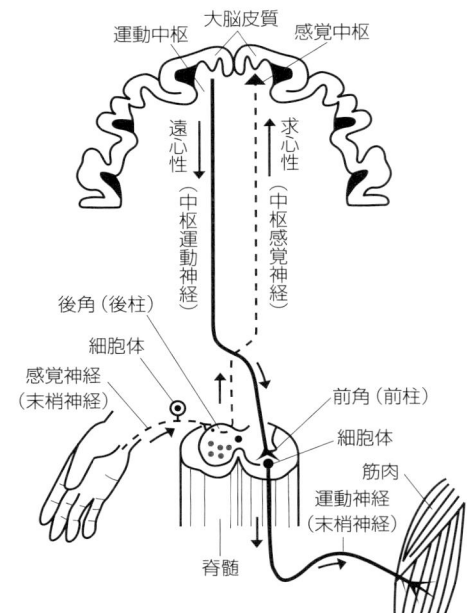

図2−5 運動系・感覚系神経
矢印は興奮の伝導する方向を示す.
(伊藤鉦夫:図説人体生理学下巻. 新思潮社, 1984)

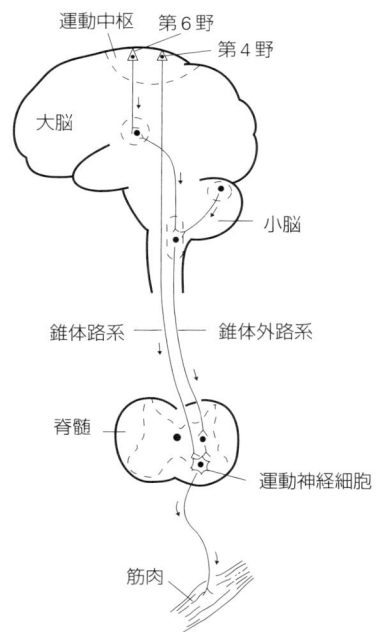

図2−6 運動神経系
(伊藤鉦夫:図説人体生理学下巻. 新思潮社, 1984)

(ガンマ)運動ニューロンである.これは錐体外路系と連結しており,筋紡錘(筋の中にある感覚器)あるいは腱紡錘を支配し,筋紡錘や腱紡錘の感覚(感度)を調節している.

2) 不随意運動

不随意運動は意識を伴わないで生じる運動のことであり,「反射」と「自動運動」がある.

(1) 反 射

反射は大脳皮質を経由しないで,ある刺激に対して不随意的に対応するような運動のことである.つまり刺激→受容器→後根→脊髄後角→脊髄前角→前根→筋の経路で伝えられる.このような経路を反射弓という.図2−7に示したものは,脊髄後角に入った刺激が脳を経由しないで直接脊髄前角に接続している.この場合2つのニューロン(後角と前角のニューロン)と1つのシナプスによる接合であることから単シナプス反射という.また,この両者の間を中継する介在ニューロンの数が多ければシナプスの数も多くなる.この場合は多シナプス反射という.さらに,反射にはその中枢が脊髄にある脊髄反射,脳幹に中枢がある姿勢反射や自律系反射などがある.

この反射を運動の場面で考えると,まずa運動ニューロンを介し

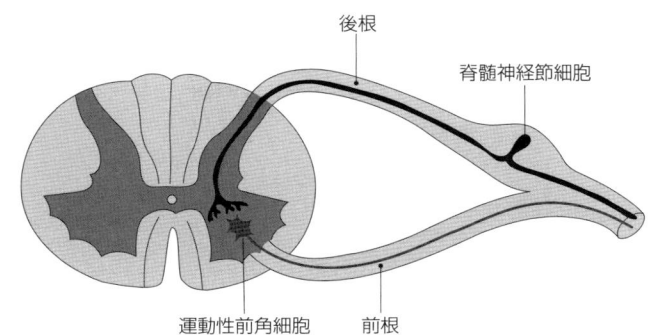

図 2-7 脊髄の単シナプス性
後根線維から入る刺激は上位の中枢に送られるが，それとは別に後根から入る刺激が直接前根を通って末梢に伝えられ，上位の命令を待つことなく末梢の効果器（筋）に作用を起こさせる回路が反射弓である．図は，もっとも単純な反射弓の形式である．
（三井但夫ほか：新版　岡嶋解剖学．杏林書院，1986）

て脳からの命令が伝えられ，筋（屈筋）が収縮し運動が発現する．この時点では脳からの命令がストレートに伝わり，動きそのものの善し悪しは判断できない．ところが，拮抗筋（伸筋）は伸張することになり，筋が伸張させられると γ 運動ニューロンにより支配されている筋紡錘（腱の場合は腱紡錘）はその感覚を脊髄後角に伝える．随意運動であればこの感覚は脳に伝えられその動きが判断されるが，この場合，後角から前角の α 運動ニューロンに直接伝えられ，屈筋は収縮する．つまり，筋の活動を調節しており，α 運動ニューロンの活動とともに重要な機能である．

このように，「筋は伸張させられると反射的に収縮する」．このことを伸張反射という．伸張反射としては膝蓋腱反射がよく知られているが，運動時においてはストレッチングがこの伸張反射に関係しており，その行い方には十分な配慮が必要である．

（2）自動運動

運動における技術練習のように同じ動作を幾度となく繰り返していると，意識しなくても今までより素早く反応できるようになる．これを運動の自動化あるいは自動運動という．

随意運動の場合，大脳新皮質に集められた身体各部の情報は多くの中枢を経由して，最終的な命令が運動中枢に送られる．このような一連の流れを繰り返し行っていると，情報を伝えている神経線維が側肢を伸ばし新たな伝達経路をつくる．いわゆるバイパスである．そのため素早い反応ができるようになる．これが自動運動である．しかし，実際の運動において問題となるのは，そのバイパスは正しいバイパスであるかどうかということである．他人の動きをみていて「あの人は変な癖がある」と言うことがある．これはバイパスをつくる過程で問題があったということになる．素早くそして正しい

動きのできるバイパスづくりには，正しい知識に基づいた指導と常に動きを意識した練習を心がけることが重要である．

5．神経の構造と機能

1）ニューロン

　ニューロン（神経細胞）は，細胞体とその細胞体から突出する軸索突起と樹状突起から構成されている（図2-8）．興奮は軸索突起により伝えられることから，これを神経線維と呼ぶ．軸索突起（神経線維）は細胞体から1本出ているが，途中いくつかの側副枝を出しながら興奮を伝えている．この軸索が別のニューロンに接合する部位をシナプス，筋と接合する部位を神経終板（神経終末）と呼ぶ．

2）興奮の伝達

　興奮は化学的変化あるいは電気的変化として伝えられる．図2-9に示したように，静止時には細胞膜に対して外側にナトリウムイオン（Na^+），内側にカリウムイオン（K^+）が存在している．これは細胞膜の透過性によるものであり，膜はK^+を透過させやすいがNa^+に対してはこれを膜の外に排出する作用（ナトリウムポンプ）があるためである．電気的には膜の外側がプラス，内側がマイナス（約-70～$-90mV$）となっている．ここに刺激が加わり膜が興奮すると膜の透過性に変化が生じ，Na^+が内側に流入し，K^+は外側に流出する．電気的には膜の内側がプラスになり外側がマイナスになる．興奮後はナトリウムポンプによりNa^+は膜の外へ，そしてK^+は膜の中へ移動しもとの状態に回復する．このように興奮はNa^+とK^+の移動により伝えられる．

　興奮の伝導の速さは神経線維の種類や太さなどにより異なっている．種類としては髄鞘の有無により分けられ，髄鞘のない神経を無髄神経，髄鞘を有する神経を有髄神経と呼んでいる．髄鞘とは神経線維の外側に鞘のような形をした被膜（ミエリンという脂肪の一種）のことであり，ここは電気を伝えにくい性質がある．逆に，髄鞘には一定の間隔でくびれた部分（ランビエの絞輪）があり，この場所は電気を伝えやすい性質がある．無髄神経における伝導方法は前述のNa^+とK^+の移動の記述通りであるが，有髄神経においてはこのNa^+とK^+の移動がランビエの絞輪で生じるため髄鞘を跳ばして行われることになる．このような伝導方法を跳躍伝導という（図2-10）．そのため無髄神経よりも有髄神経の方が伝達速度は速いといえる．また，神経線維の太さと伝達速度は比例しており，太いほど伝達速度は速い．

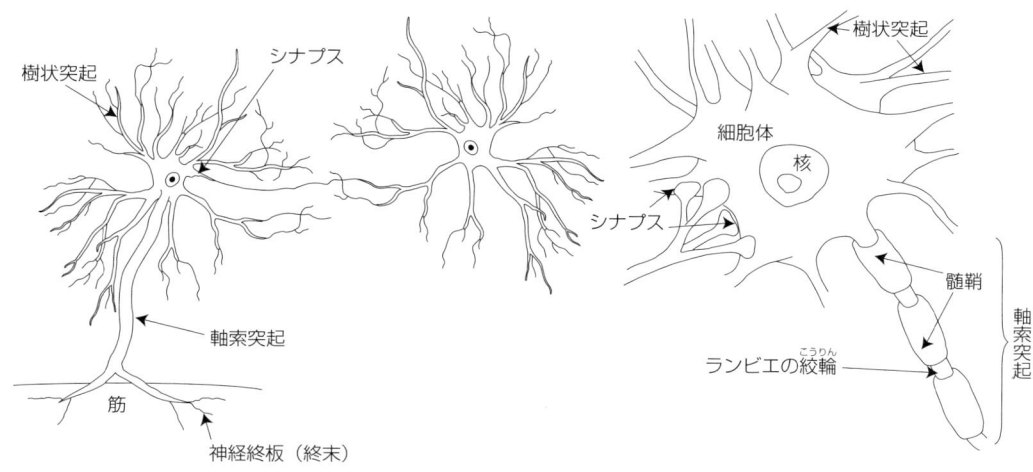

図 2-8 ニューロン

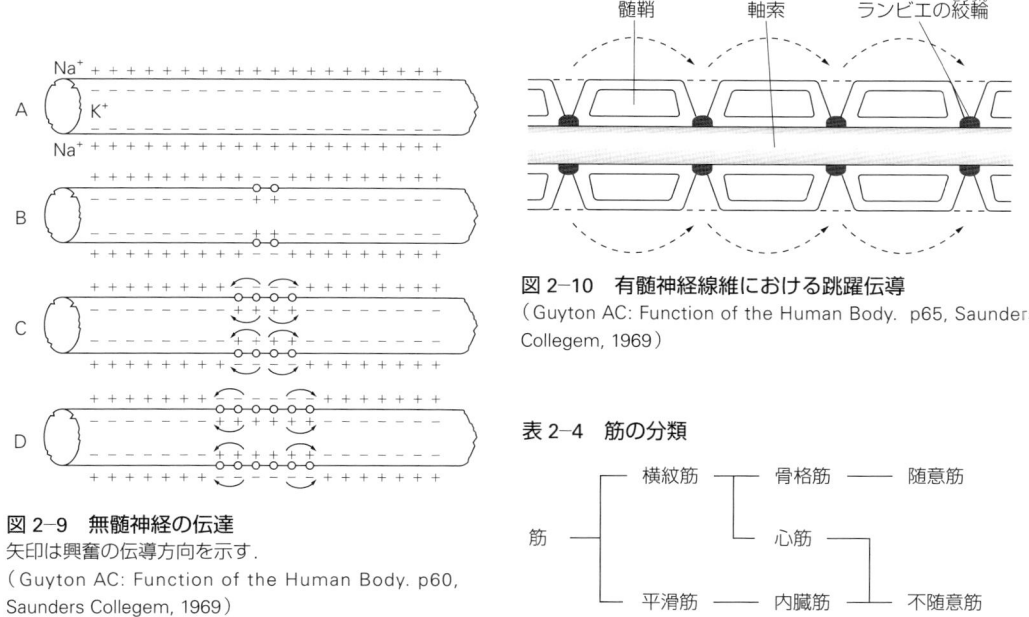

図 2-10 有髄神経線維における跳躍伝導
(Guyton AC: Function of the Human Body. p65, Saunders Collegem, 1969)

表 2-4 筋の分類

図 2-9 無髄神経の伝達
矢印は興奮の伝導方向を示す.
(Guyton AC: Function of the Human Body. p60, Saunders Collegem, 1969)

6. 筋の構造と機能

1) 筋の分類

　筋は顕微鏡像（組織学的側面）でみると，2 ミクロン間隔で縞模様のみられる横紋筋と縞模様がみられない平滑筋に分類され，機能的な面からは随意筋と不随意筋に分類される．また，身体の部位では骨格筋・心筋・内臓筋に分類される（**表 2-4**）．

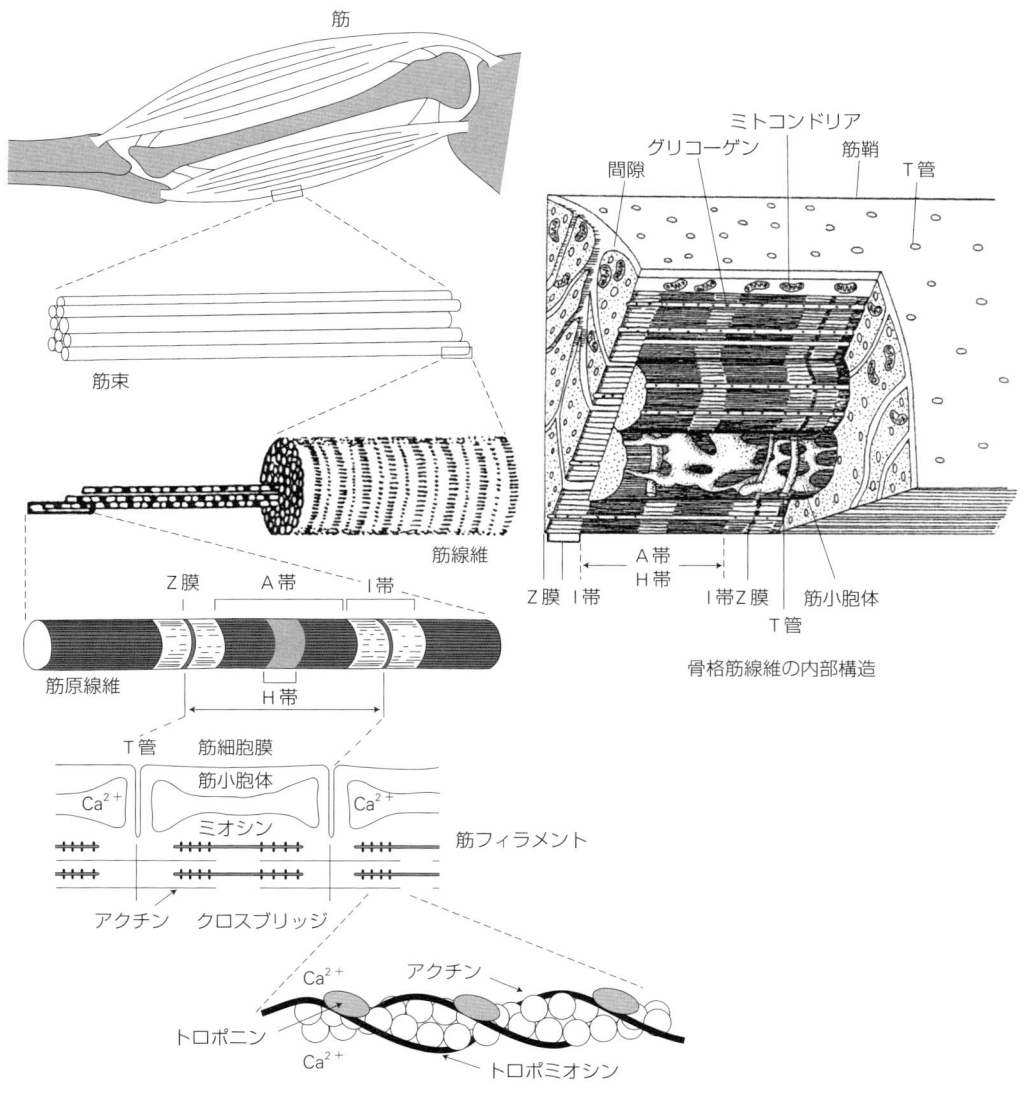

図2-11　筋の構造
(McArdle WD, et al.(田口貞善ほか監訳)：運動生理学．杏林書院，1992を一部改変)

2）筋の構造

骨格筋は筋膜に覆われていて1本の太い線維で構成されているようにみえる（**図2-11**）．しかし，その内部をみると，筋周膜に覆われた筋束（筋線維束）が集合しており，筋周膜には神経終板がみられる．さらに筋束の内部は筋形質膜（筋鞘）に覆われた筋線維が集合しており，筋線維の内部には筋原線維が集合している．筋原線維の周囲あるいは内部にはミトコンドリア・グリコーゲン・筋小胞体などが存在している．

筋原線維をよく観察すると，線維の長軸と垂直に明るい部分（I帯）と暗い部分（A帯）が交互に繰り返されている．また，I帯の中央部のやや暗い部分にはZ膜（Z線），A帯の中央部のやや明るい部分にはH帯がみられる．このZ膜とZ膜との間を筋節（サルコメア）といい，これが筋収縮の最小単位である．さらに筋節には太いフィラメント（ミオシン）とZ膜に固定された細いフィラメント（アクチン）がある．

3）興奮の伝達

神経終板まで伝えられた興奮は，神経終板から分泌されるアセチルコリンによって伝達される．その興奮はT管（横行小管）を通りZ膜に到達する（T管はZ膜内を貫いて走っている）．この間にCa^{2+}の貯蔵庫となっている筋小胞体が刺激されCa^{2+}が放出される．このCa^{2+}が2つのフィラメントであるアクチンとミオシンの反応（滑走）に作用することにより筋節は短縮し，運動の発現ということになる．このようなフィラメントの反応を発見したのはハックスレー（Huxley）であり，「滑走説（sliding theory）」という．

4）筋の特性

興奮が筋に到達し，筋が収縮する．しかし，大脳からの興奮が同じであっても大きな力が出せない，あるいは力が持続できないという場面がある．これは酸素の摂取量や心理的な側面も考えられるが，筋の特性も影響している．

筋の特性（**表2-5**）には組織学的な分類（白筋と赤筋），筋の収縮速度による分類（速筋と遅筋），筋の収縮速度にエネルギー源を加えた分類（FG線維，FOG線維，SO線維）がある（エネルギーについては第3章を参照）．簡単に示すと**表2-6**のようになる．

筋線維の色に「白」と「赤」があるが，これはミオグロビンの量の違いによるものである．ミオグロビンは鉄分とタンパク質の結合したものであり，この鉄分が酸素と結合すると赤く発色するため赤筋ではミオグロビン量が多く，白筋には少ない．このようにミオグロビンは筋の中に存在するが，その役割は酸素を筋に取り込むことである．

また，FG線維，FOG線維，SO線維における頭文字「F」と「S」は筋の収縮速度を表し，次の「G」と「O」はエネルギーの種類を表している．つまり，「G」はグリコーゲンの分解過程における解糖過程で産生されるエネルギーのことであり，「O」は有酸素性のエネルギーを意味する．

身体における速筋と遅筋は，身体各部位によりその構成比率は異なり，身体内部の筋ほど遅筋の割合が多く，身体表面に近い筋ほ

表 2-5 筋線維タイプ

【神経支配の特徴】	I (SO)	IIa (FOG)	IIb (FG)
運動神経細胞径	小	大	大
運動神経細胞動員閾値	低い	高い	高い
運動神経伝導速度	遅い	速い	速い
【形態的特徴】			
筋線維径	小	大	大
ミトコンドリア密度	高い	高い	低い
ミオグロビン含有量	高い	中間	低い
毛細血管密度	高い	中間	低い
【エネルギー基質】			
クレアチリン酸貯蔵量	低い	高い	高い
グリコーゲン含有量	低い	高い	高い
トリグリセリド含有量	高い	中間	低い
【酵素の特徴】			
解糖系酵素活性	低い	高い	高い
酸化系酵素活性	高い	高い	低い
【機能的特徴】			
収縮時間（単収縮）	遅い	速い	速い
弛緩時間	遅い	速い	速い
収縮力	弱い	強い	強い
易疲労性	疲労しにくい	疲労しやすい	疲労しやすい
持久的運動選手	多い	中間または多い	少ない
スプリント運動選手	中間または少ない	中間または多い	多い

（中野昭一ほか編：運動とエネルギーの科学．杏林書院，1996）

表 2-6 筋の収縮速度にエネルギー源を加えた分類

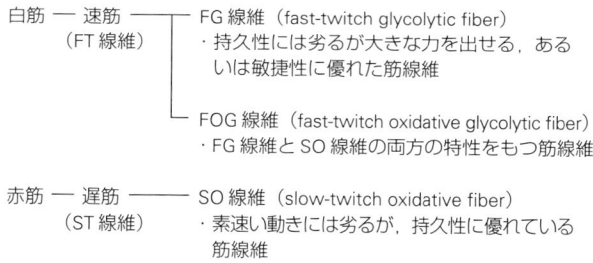

　ど速筋の割合が多いといわれている．そして，この構成比率はトレーニングにより変わりうる筋線維（FG 線維→FOG 線維）もあるが，一般的には遺伝によるところが大きい．運動に用いる下肢の筋線維については，通常の一般人の場合 FT 線維と ST 線維の割合は約 50％ずつと考えられている．しかし，運動選手の筋線維をみると（**図 2-12**），男性陸上競技のマラソン選手は ST 線維が約 80～85％，逆に短距離選手は FT 線維が約 60～65％を占めている．

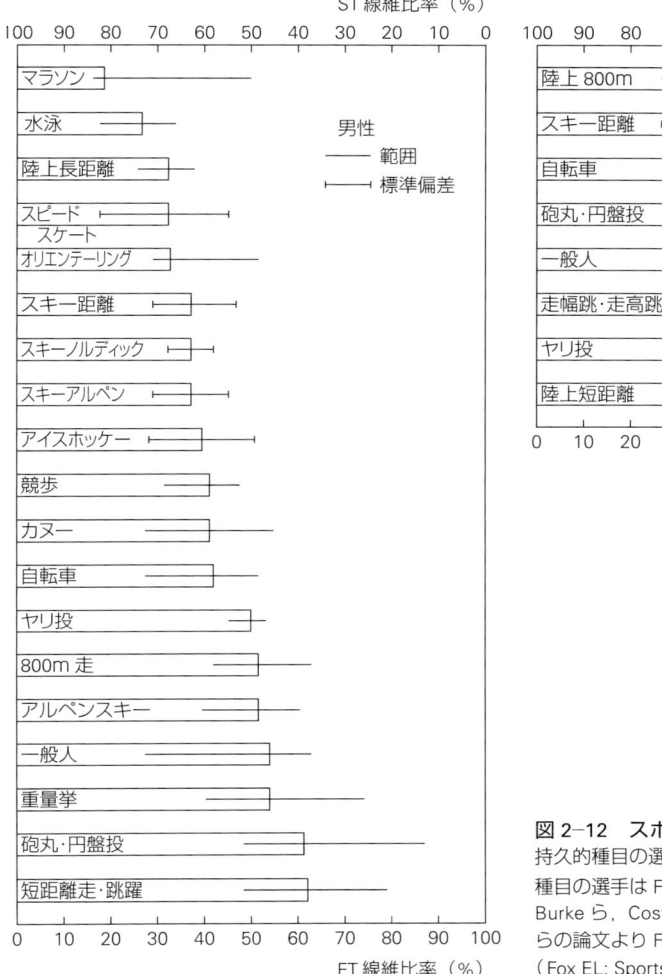
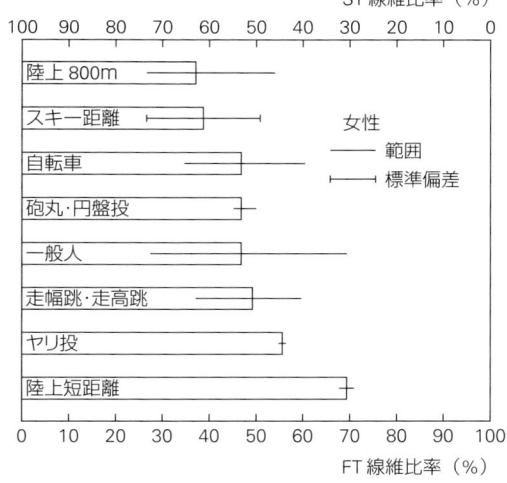

図 2-12　スポーツ競技選手の筋線維比率
持久的種目の選手は ST 線維の比率が高く，筋力，パワー種目の選手は FT 線維の比率が高い．
Burke ら，Costill ら，Gollnick ら，Komi ら，Thorstensson らの論文より Fox がまとめる．
（Fox EL: Sports Physiology. Saunders Collegem, 1979）

参考文献

1) Fox EL: Sports Physiology. Saunders Collegem, 1979.
2) Guyton AC: Function of the Human Body. Saunders, 1969.
3) 石河利寛：健康・体力のための運動生理学．杏林書院，2000．
4) 伊藤鋌夫：図説人体生理学下巻．新思潮社，1984．
5) 勝田　茂：運動生理学 20 講．朝倉書店，1993．
6) 真島英信ほか：人体生理の基礎．杏林書院，1982．
7) McArdle WD, et al.（田口貞善ほか監訳）：運動生理学．杏林書院，1992．
8) 三井但夫ほか：新版　岡嶋解剖学．杏林書院，1986．
9) 中野昭一ほか編：運動とエネルギーの科学．杏林書院，1996．
10) 中野昭一：図説・運動の仕組みと応用　第 2 版．医歯薬出版，1996．
11) 時実利彦：脳の話．岩波新書，1962．

運動のエネルギー

　脳からの命令が筋に到達しても，エネルギーがなければ運動を遂行することはできない．運動のエネルギーとなるのはATP（アデノシン三リン酸）であり，これが分解するときに出されるエネルギーを用いて運動を行っている．運動を継続させるためには常にATPが再合成され供給されなければならない．そのためのエネルギー供給機構には，無酸素性供給機構と有酸素性供給機構の2つがある．無酸素性供給機構はさらに非乳酸性供給機構（ATP-CP系）と乳酸性供給機構（グリコーゲンの解糖系）の2つに分けられる．有酸素性供給機構はTCA回路でのエネルギー供給となるが，ここでは酸素がなければ再合成することはできない．このTCA回路でのエネルギー供給に用いられるのはグリコーゲンの酸化系と遊離脂肪酸である．そして，大気中の酸素を多く取り込みATPを再合成するためには，酸素を取り込み筋にまで運搬する過程，つまり酸素を取り入れる量（酸素摂取量）を多くするために働く肺・心臓・血液などの機能が大きく影響している．

1．エネルギー供給機構

　エネルギー供給機構については図3-1に示した．
　まず運動を開始するとATP-CP（クレアチンリン酸）系が使われる．ATPが分解してADP（アデノシン二リン酸）に，そして最終的にはAMP（アデノシン一リン酸）にまで分解する．この分解過程においてエネルギーを産生することになる．これ以上は分解をしてエネルギーを産生することはできない．ところが，このADPにCPのリン酸が供給されるとATPが再合成され，再度分解をしてエネルギーを生み出すことができるのである．しかし，このATP-CP系は大きな力は出せるが，無酸素で作り出されることからエネルギー供給時間は短く全力で運動した場合約7～8秒で枯渇してしまう．
　次に使われるエネルギーは糖質（炭水化物）である．糖質は筋や肝臓ではグリコーゲンというかたちで貯蔵されている．グリコー

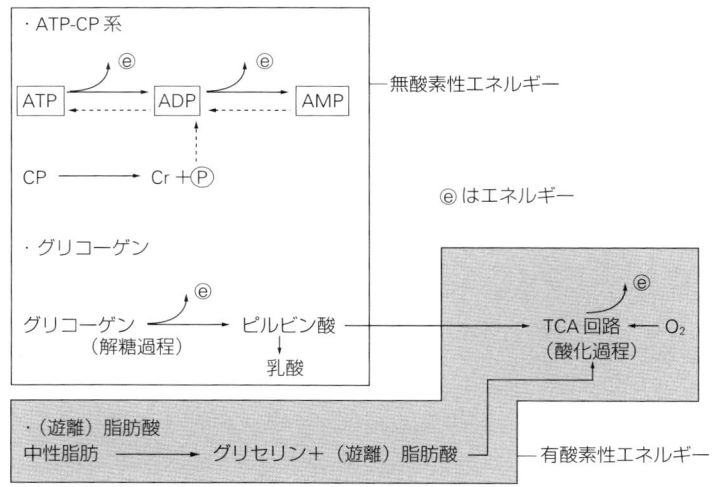

図 3-1　エネルギー供給機構

ンの分解過程では多くの物質が生成されるが，エネルギー産生の大きな区切りはグリコーゲンがピルビン酸と乳酸にまで分解されるまでの過程である．この過程を解糖過程という．無酸素で産生されることからやはり運動可能な時間は短く，全力で運動すると約 33 秒で枯渇してしまう．

　このように，ATP-CP 系および解糖過程での ATP 再合成は無酸素で行われることから，無酸素性エネルギー供給機構という．さらに，ATP-CP 系は乳酸を発生させないことから非乳酸性供給機構，解糖過程では乳酸が発生することから乳酸性供給機構という．そして無酸素での全力運動は，非乳酸性供給機構における 7〜8 秒と乳酸性供給機構における 33 秒の合計値，つまり約 40〜41 秒可能であることになる．

　次にピルビン酸はミトコンドリアの中にあるエネルギー工場に送られることになる．このエネルギー工場はトリカルボン酸サイクル（TCA 回路，あるいはクエン酸回路，クレブス回路）と呼ばれ，ここでのエネルギー産生には酸素が必要となる．この分解過程を酸化過程という．TCA 回路での ATP 再合成にはグリコーゲンの酸化過程だけでなく遊離脂肪酸も同様に分解され用いられる．この TCA 回路での ATP の再合成のためのエネルギー供給機構を，有酸素性エネルギー供給機構という．

　このように，エネルギー供給機構により ATP の再合成が行われるが，エネルギーの大きさは同じなのかというと，図 3-2 に示したように，有酸素性エネルギー供給機構よりも無酸素性エネルギー供給機構の方が，また，乳酸性供給機構よりも非乳酸性供給機構の

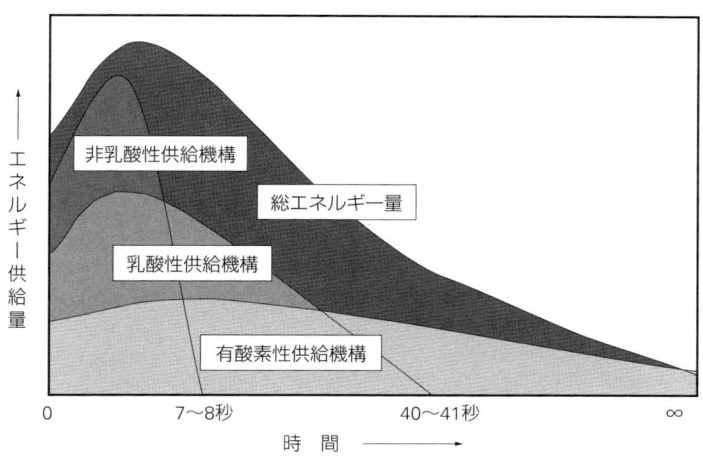

図3-2　エネルギー供給の大きさと運動時間

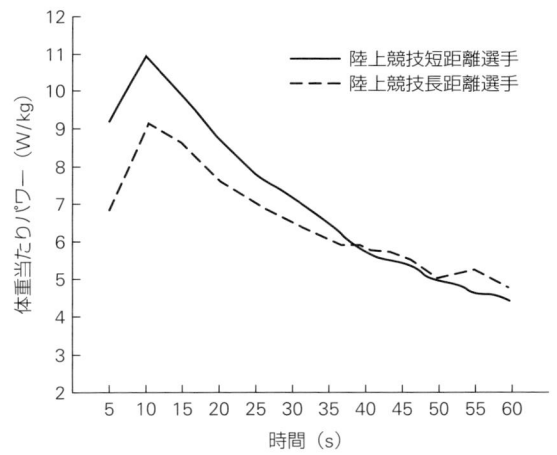

図3-3　60秒間全力ペダリング時のパワー変化
(中本　哲ほか:大学女子運動選手の無酸素パワー．東京女子体育大学女子体育研究所研究集録，11：22-28，1989)

方が大きいことがわかる．つまり，非乳酸性供給機構＞乳酸性供給機構＞有酸素性供給機構となる．

　図3-3は大学女子陸上競技の長距離選手と短距離選手について，60秒間の全力自転車ペダリング時のパワー変化を示したものである．記録器の関係で5秒ごとのパワー記録となったが，両選手とも10秒の時点でのパワー値は最高であり，短距離選手の方がパワー値は大きい．その後低下を示し，40秒以降は長距離選手の方がパワー値は大きくなっている．ここに示した10秒および40秒という値は，前述の非乳酸性供給機構における7～8秒および乳酸性供給

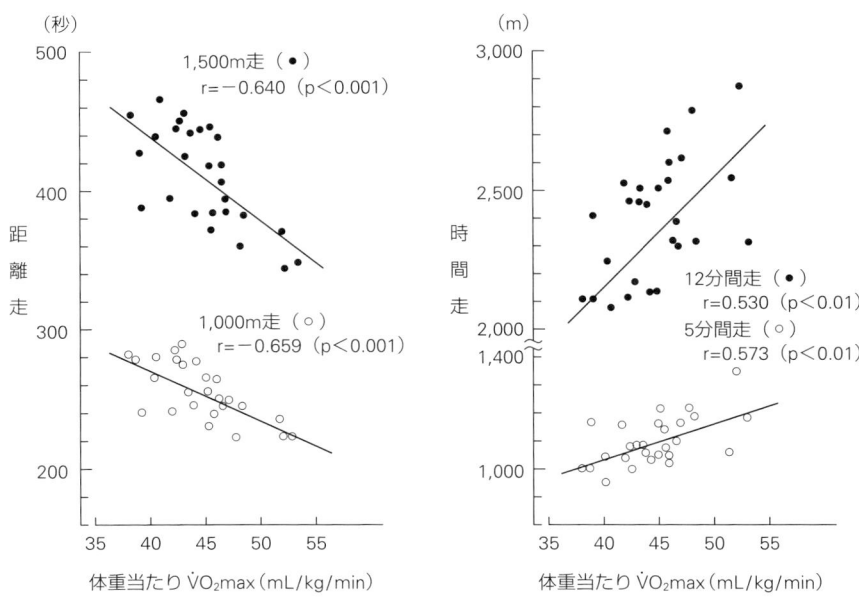

図3-4 距離走・時間走と体重当たり $\dot{V}O_2max$ の相関
(中本 哲：女子運動選手における持久力評価指標の検討．東京女子体育大学紀要，25：45-56，1990)

機構での時間を加えた40〜41秒の値と同様の結果を示している．また，40秒の時点までは主に無酸素性供給機構に頼っていることから短距離選手の方がパワー値が高く，40秒以降は主に有酸素性供給機構に頼ることになるので持久力のある(有酸素性能力の高い)長距離選手の方がパワー値が大きくなっているものと考えられる．

また，無酸素性エネルギー供給機構で生産されるエネルギーを無酸素性エネルギー，有酸素性エネルギー供給機構で生産されるエネルギーを有酸素性エネルギーといい，無酸素性エネルギーを主として行う運動をアネロビクス(anaerobics：無酸素性運動)，有酸素性エネルギーを主として行う運動をエアロビクス(aerobics：有酸素性運動)という．

2．酸素摂取量

TCA回路でATPを再合成するためには酸素が必要である．酸素を取り入れる量を酸素摂取量($\dot{V}O_2$)，最大に取り入れる量を最大酸素摂取量($\dot{V}O_2max$)という．最大酸素摂取量が多いほどATPの再合成量が多く，有酸素性能力(持久力)に優れるということになる(図3-4)．一般に持久力の評価は絶対値(L/min)よりも体重1kg当たりの値，つまり相対値(mL/kg/min)で比較・評価される．しかし競技種目の特性として自らの体を直接的に移動

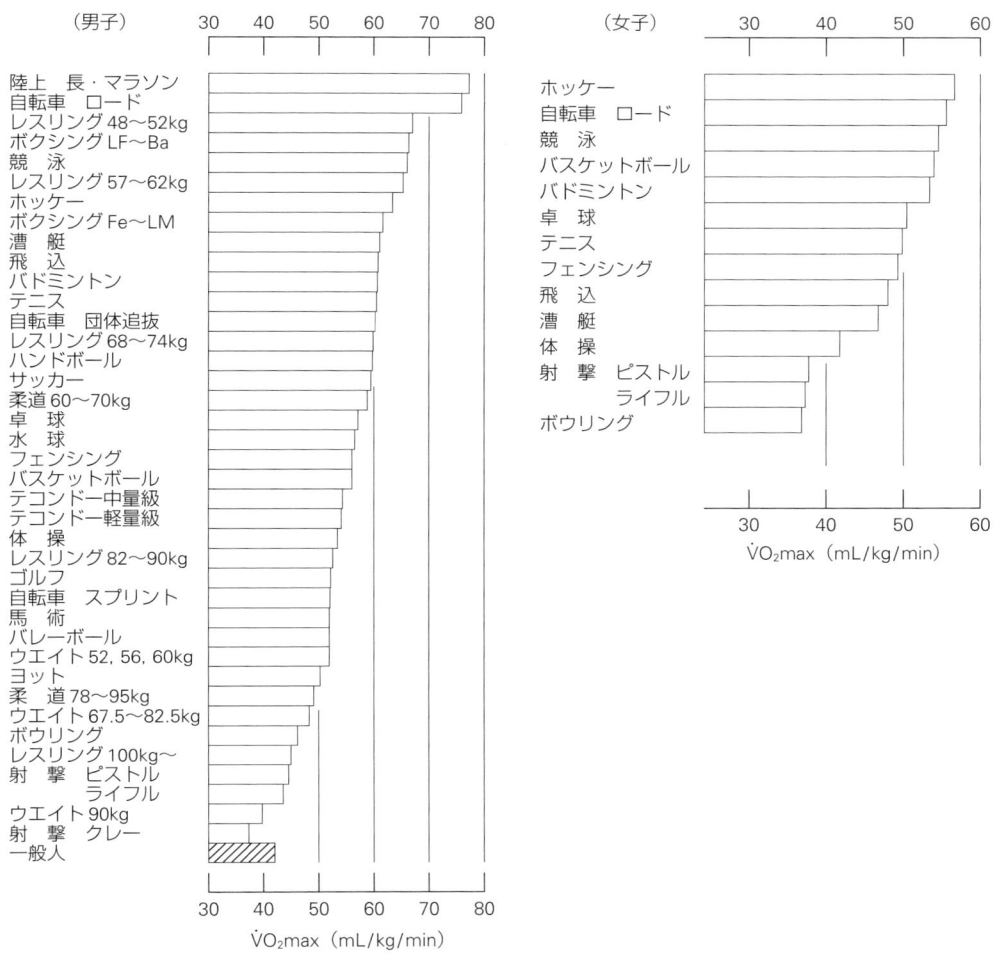

図 3-5 最大酸素摂取量の種目別比較
(雨宮輝也:エアロビックパワーからみたスポーツ選手の体力特性. J J Sports Sci, 6: 692-696, 1987)

させない自転車・ボートなどの種目では絶対値で比較されることが多い. 図 3-5, 表 3-1 に一流スポーツ選手および大学女子スポーツ選手の最大酸素摂取量を種目毎に示した. 男子では陸上競技長距離およびマラソン選手の 77.55mL/kg/min がもっとも大きな値を示し, 次いで自転車 (ロード) 選手の 75.85mL/kg/min である. 同じ自転車でもスプリントの選手は 50〜55mL/kg/min であり, 種目の特性がみられる. また, 大学女子運動選手の持久力評価基準を表 3-2 に示した.

このように, 最大酸素摂取量の違いに影響を及ぼす要因は, 主として呼吸器系および循環器系の機能や筋の特性などがあげられる. 換言すれば, 肺 (換気量と肺拡散能力)・血管 (酸素運搬能力)・心臓 (心拍出量)・筋 (酸素の取り込み) の機能などが考えられる.

表 3-1　最大酸素摂取量および心容積の種目別比較（大学女子スポーツ選手）

対　象(N)	身長 (cm)	体重 (kg)	$\dot{V}_E$max (L/min)	$\dot{V}O_2$max (L/min)	$\dot{V}O_2$max (mL/kg/min)	心容積 (mL)
体操競技（15）	154.6 ± 4.58	52.1 ± 4.88	88.4 ± 12.38	2.41 ± 0.20	46.4 ± 3.42	
陸上（長）（16）	158.6 ± 4.63	47.9 ± 3.46	97.0 ± 13.82	2.58 ± 0.24	54.0 ± 4.23	
陸上（短）（21）	162.6 ± 4.33	54.5 ± 4.11	98.3 ± 6.65	2.56 ± 0.15	47.2 ± 3.90	
バスケットボール（18）	159.9 ± 5.17	57.5 ± 5.16	109.2 ± 11.79	2.80 ± 0.30	48.5 ± 2.97	627.8 ± 85.79
硬式テニス（13）	156.3 ± 4.48	53.4 ± 3.64	92.3 ± 7.74	2.50 ± 0.25	46.8 ± 4.13	
卓球（13）	158.8 ± 3.62	56.4 ± 6.04	95.8 ± 9.98	2.51 ± 0.24	44.9 ± 3.34	
フェンシング（12）	157.3 ± 5.99	53.7 ± 5.52	89.2 ± 7.48	2.50 ± 0.16	46.9 ± 3.71	551.2 ± 55.28
剣道（18）	156.8 ± 4.23	55.9 ± 4.06	101.8 ± 12.09	2.77 ± 0.24	49.6 ± 3.33	
水泳（16）	161.1 ± 3.17	57.9 ± 6.22	102.2 ± 9.75	2.75 ± 0.33	47.6 ± 4.93	560.6 ± 78.93
スキー（11）	160.9 ± 3.18	56.4 ± 4.88	94.3 ± 11.22	2.49 ± 0.23	44.4 ± 3.80	
カヌー（10）	160.2 ± 5.02	57.4 ± 6.38	106.2 ± 9.62	2.77 ± 0.35	47.8 ± 3.28	581.5 ± 87.15
一般学生（11）	155.4 ± 4.66	53.8 ± 8.83	84.4 ± 10.79	2.10 ± 0.28	39.3 ± 3.49	

$\dot{V}O_2$：酸素摂取量（L/min）　$\dot{V}O_2$/Wt：体重当たり酸素摂取量（mL/kg/min）
$\dot{V}O_2$max：最大酸素摂取量（L/min）　$\dot{V}O_2$max/Wt：体重当たり最大酸素摂取量（mL/kg/min）
$\dot{V}_E$：換気量（L/min）　$\dot{V}_E$max：最大換気量（L/min）

（東京女子体育大学運動生理学研究室資料）

表 3-2　大学女子運動選手の持久力評価基準

10段階 評価	体重当たり最大酸素摂取量 （mL/kg/min）		5段階 評価
1	～38.1	～40.5	1
2	38.1～		
3	40.5～	40.5～	2
4	42.9～		
5	45.3～	45.3～	3
6	47.7～		
7	50.1～	50.1～	4
8	52.5～		
9	54.9～	54.9～	5
10	57.4～		

（中本　哲：女子運動選手における持久力評価指標の検討．東京女子体育大学紀要，25，48-56，1990）

1）換気量

　換気量（$\dot{V}_E$）とは肺の中を出入りする空気の量のことである．通常は1分間の分時換気量を示し，一回の呼吸による換気量は一回換気量という（図3-6）．そのため，換気量は一回換気量と1分間の呼吸数がその要因となり，次のように求めることができる．

　　　　換気量＝一回換気量×呼吸数

　成人の場合，年齢により異なるものの安静時の一回換気量は約500mL，呼吸数は約16～20回/分である．呼吸数を18回/分として単純に計算すると換気量は9,000mL/minとなる．しかし，鼻腔・口腔・気管・気管支などにある空気は，次の呼気により排出されるためガス交換に関与していない空気である．この空気の容量を死腔

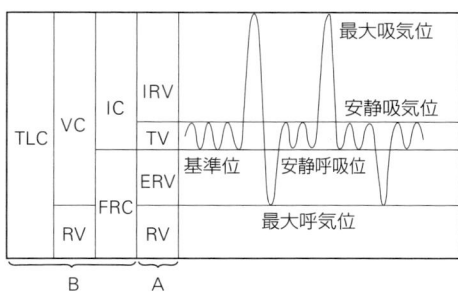

図3-6　肺気量分画

（dead space）といい，約150mLある．そのためガス交換に関与する空気（肺胞気という）の量を求めるには，以下のように死腔を差し引いて求めることになる．

　　　肺胞換気量(有効換気量ともいう)＝(一回換気量－死腔)×呼吸数

（1）呼　吸

　呼吸とは酸素を取り込み，二酸化炭素を排出するガス交換をいい，肺胞と血液との間で行われるガス交換を外呼吸（肺呼吸），血液と組織とのガス交換を内呼吸（組織呼吸）という．

　そして，ガス交換を行うための呼吸運動には，胸郭内腔の拡大・縮小に関係する肋間筋などの活動によって行う肋骨運動（胸式呼吸）と，横隔膜の収縮・弛緩によって行う横隔膜運動（腹式呼吸）がある．

　呼吸は，延髄にある呼吸中枢により調節されているが，調節は神経性調節と化学的調節に分けて考えることができる．神経性調節は，ヘリング―ブロイヤー（Hering-Breuer）の反射や頸動脈反射・大動脈反射などのような反射機能により調節するものである．一方，化学的調節は二酸化炭素と酸素の濃度によるものであり，二酸化炭素濃度の上昇あるいは酸素濃度の減少は呼吸を促進する．

（2）運動時の換気応答

　図3-7は，運動時の酸素摂取量と換気量の関係について示したものである．1点・4点は表3-2における持久力評価5段階の1点と4点を示し，運動負荷はトレッドミルによる速度漸増法で実施したものである．運動を開始すると換気量の増加とともに酸素摂取量もほぼ直線的な増加を示す．しかし，運動が激しくなるとこの直線性はなくなり，換気量が増加しているにもかかわらず酸素の取り込みが悪くなっている．つまり呼吸効率（酸素摂取率＝酸素摂取量（mL）／換気量（L））が悪くなるのである．呼吸効率は持久的能力が高いほどよく，そしてトレーニングを積むことにより改善される．

　また同様に，運動時の換気量・一回換気量・呼吸数の変化を図3-8に示した．運動開始後は呼吸数も一回換気量も増加を示し，その

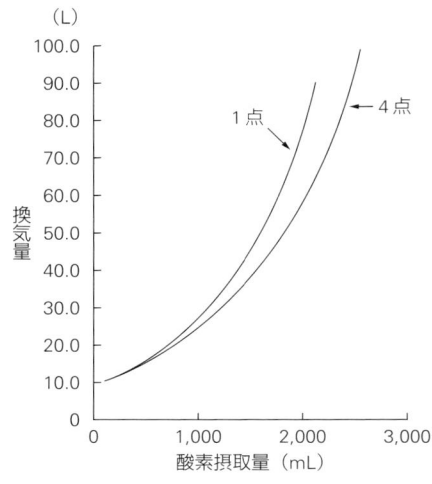

図3-7 酸素摂取量と換気量

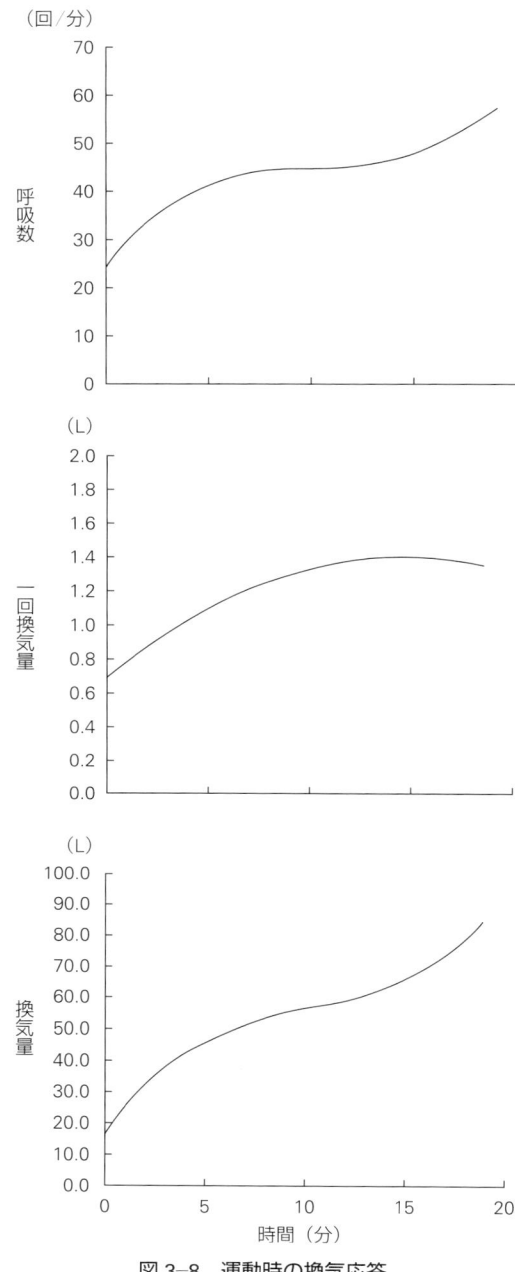

図3-8 運動時の換気応答

結果，換気量も増加している．しかしその後は呼吸数よりも一回換気量の増加がみられ，激運動時になると一回換気量よりも呼吸数の増加に依存することになる．

　一回換気量が多く（深い呼吸）呼吸数が多ければもっとも効率的であるが，実際には呼吸数が多くなれば呼吸は浅くなっている．運

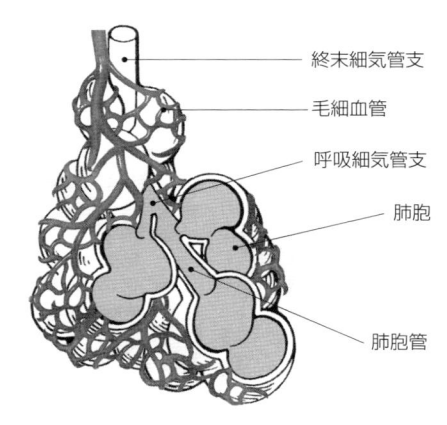

図 3-9　気管支末端部と肺胞

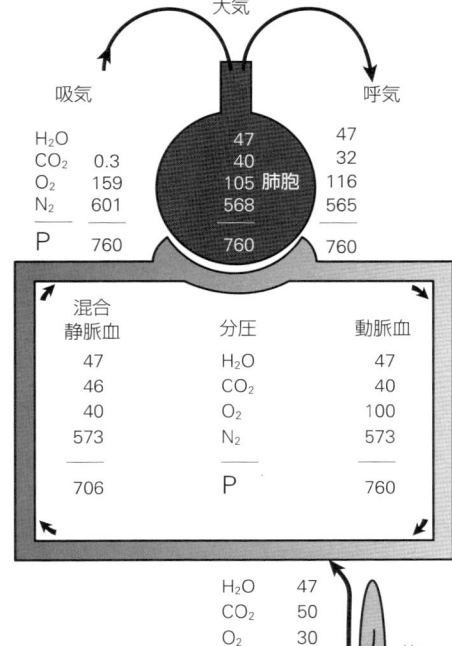

図 3-10　ガス交換
（Astrand PO（朝比奈一男監訳）：オストランド運動生理学．大修館書店，1976 を一部改変）

動時には呼吸数が増加するため，その傾向は顕著となる．そのため，運動時には効率的な呼吸法を習得する必要がある．一般的にジョギングやウォーキングなどでは4歩1呼吸（吸って吸って吐いて吐いて）がもっとも効率的な呼吸法といわれている．

2）肺拡散能力

　肺の先端には肺胞があり，この周りを毛細血管が取り巻いている（図 3-9）．この肺胞と毛細血管の間でガス交換が行われている．つまり，取り込んだ酸素が血中に，そして体内で発生した二酸化炭素が肺そして体外へ移動するところである．そしてこの移動は濃度の高い方から低い方へ，あるいは圧の高い方から低い方へ移動している．このような現象を拡散という．たとえば，大気中の酸素（O_2）の濃度は 20.93% である．圧で示すと1気圧は 760mmHg であるか

表 3-3 血液の成分と生理作用

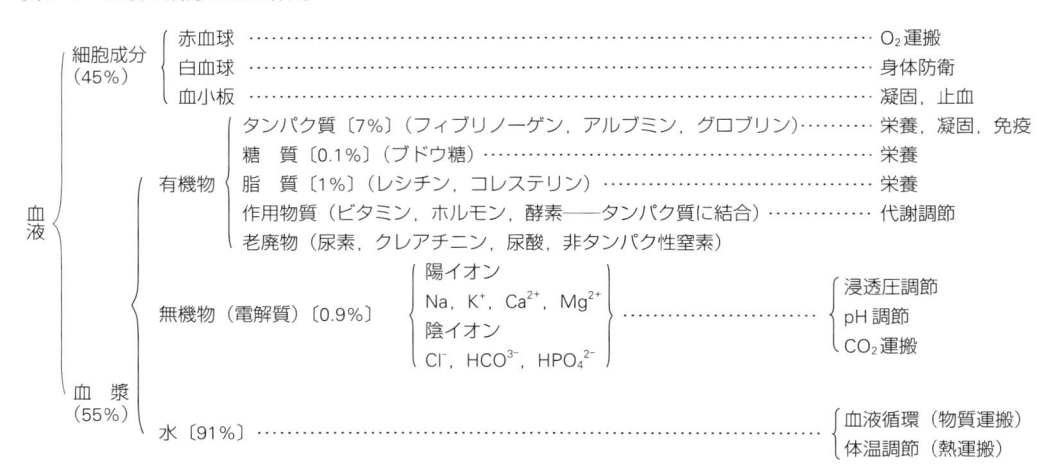

```
          ┌ 細胞成分 ┌ 赤血球 ················································· O₂運搬
          │ (45%)  │ 白血球 ················································· 身体防衛
          │        └ 血小板 ················································· 凝固，止血
          │        ┌ タンパク質〔7%〕（フィブリノーゲン，アルブミン，グロブリン）········ 栄養，凝固，免疫
          │        │ 糖 質〔0.1%〕（ブドウ糖）········································· 栄養
血液 ─────┤ 有機物 ┤ 脂 質〔1%〕（レシチン，コレステリン）···························· 栄養
          │        │ 作用物質（ビタミン，ホルモン，酵素――タンパク質に結合）·········· 代謝調節
          │        └ 老廃物（尿素，クレアチニン，尿酸，非タンパク性窒素）
          │ 血漿   │                    ┌ 陽イオン                ┌ 浸透圧調節
          │ (55%) │ 無機物（電解質）〔0.9%〕│ Na⁺, K⁺, Ca²⁺, Mg²⁺     │ pH調節
          │       │                     │ 陰イオン        ········│ CO₂運搬
          │       │                     └ Cl⁻, HCO₃⁻, HPO₄²⁻
          │       │
          │       └ 水〔91%〕··············································· ┌ 血液循環（物質運搬）
          │                                                              └ 体温調節（熱運搬）
```

（真島英信ほか：人体生理の基礎．p129，杏林書院，1982）

ら，酸素の圧（分圧という）は $760 \times 20.93 / 100 = 159.1$ mmHg となる．同様に二酸化炭素（CO_2）の濃度は 0.03%，分圧は 0.2 mmHg である．この分圧は肺・動脈・静脈などそれぞれにより異なる値を示す（図 3-10）．図 3-10 を基に拡散の流れを示すと以下のようになり（数字は分圧），酸素は肺胞→動脈血→組織へと拡散され利用される．一方，組織で発生した二酸化炭素は静脈血→肺胞→体外へと拡散・排出される．

	外気	肺胞	動脈血	静脈血	組織（筋）
O_2	159	→105→	100	→	30
CO_2	0.3	←40	←	46	←50

　肺の拡散能力に影響を及ぼす要因としては，大気中の酸素・二酸化炭素の濃度の変化と肺胞の機能障害などが考えられる．前者は車の排気ガスの多い道路などであり，後者は生活習慣としての喫煙が考えられる．喫煙におけるニコチンやタールは吸気により肺胞にまで達し，肺胞に悪影響を及ぼすことになる．

3）血液による酸素運搬能力

　体重の約 1/13 を占める血液は，細胞成分と血漿に分けられ，それぞれに機能がある（表 3-3）．
　酸素を運搬するのは赤血球中の血色素（ヘモグロビン：Hb）であり，赤血球中に約 34% 含まれている．Hb が基準値に満たない場合，これを貧血という．WHO（世界保健機関）による貧血の基準値は男性で 13g 未満/dL，女性で 12g 未満/dL である．
　仮に，Hb 10g/dL の人（安静時心拍出量 4,000mL とする：次項の拍出量参照）はどれくらいの酸素を運搬することができるのか計算

してみると，Hb は 1g で 1.32mL の酸素と結合することから，10g であれば 13.2mL．1dL は 100mL である．ゆえに次のようになる．

$$13.2\text{mL} : x = 100\text{mL} : 4{,}000\text{mL} \rightarrow x = 528\text{mL}$$

1分間に 528mL の酸素を運搬することができる．激運動時には安静時の約10倍近くにもなるので約5L の酸素を運搬できるという計算になる．

しかし，表3-1 に示した大学女子運動選手の最大酸素摂取量をみると，絶対値でもっとも大きな値を示したバスケットボール選手でも 2.8L である．これらの運動選手は貧血というわけではないが，Hb 量以外にもいくつかの要因があり理論と実際とでは大きく異なることがわかる．

このように実際場面では理論通りではないとしても，Hb の減少，つまり貧血は有酸素性能力の低下に影響するものと思われる．

貧血の原因はいくつかあるが，運動が原因となっている場合を特に「運動性貧血」という．有酸素性能力の向上のためには貧血の予防・改善が必要である．

貧血の原因としては以下に示す「赤血球および Hb の生産不足」「溶血」「汗による成分（鉄分）の損失」「出血」「代謝異常」などがある．

（1）赤血球およびヘモグロビンの生産不足

赤血球および Hb の生産は出生後はすべて骨髄で行われ，約90日の寿命で脾臓や肝臓で捕捉され破壊される．Hb はヘムタンパク（鉄分が結合したもの）とグロビンタンパクの結合したものであることから生産にはタンパク質と鉄分を欠かすことはできない．特に運動選手には鉄の摂取不足による鉄欠乏性貧血が多くみられる．また，抗貧血ビタミンといわれるビタミン B_{12}，さらにビタミン B_6・葉酸・銅なども必要である．

（2）溶　血

骨髄で成熟した赤血球は血管に送り出される．しかし，この運搬または輸送中に何らかの原因で赤血球が破壊されることがある．これを溶血という．その原因としては，物理的な溶血と化学的な溶血の2つに分けられる．物理的溶血は衝撃や摩擦などが，そして化学的溶血は浸透圧の変化や乳酸によるものなどがあげられる．

（3）汗による成分（鉄分）の損失

汗には微量に鉄分が含まれている．日本体育協会研究プロジェクトチーム（班長：長嶺・川上，1985）は，陸上長距離女子選手を対象に汗中の鉄および亜鉛について測定し，「熱環境下の静止状態での発汗に比べて，運動時の汗中の濃度は鉄・亜鉛ともに高まる傾向が認められた．特に，亜鉛の増加は2倍に達するほどであった」と報告している．夏期における室内での運動は特にその損失を大きくするものである．

(4) 出　血

　ケガによる出血，あるいは女子においては月経による出血などにより鉄分が損失する．

(5) 代謝異常

　摂取した食物は，体内で消化・分解し，必要なものへと合成される．この一連の過程を代謝（たいしゃ）という．たとえば，摂取したタンパク質（肉や魚など）は，体内で分解され，その一部は筋をつくるため，あるいは赤血球やHbをつくるために合成される．しかし，分解したがうまくHbへの合成がされないようだと貧血へと進むことになる．このように分解・合成の過程に異常があることを代謝異常という．

　このように運動を行うことはそれ自体貧血の状態を作り出していることになる．運動後は損失した栄養分の補給をするなど「体をいたわる」ことが大切である．

4）心拍出量

（1）循環器系システム

　循環器系（脈管系）は血液の循環に関する血管系とリンパの循環に関するリンパ系があるが，**図3-11**に血液循環を示した．血液は心臓の左心室→大動脈→組織→大静脈→右心房→右心室→肺動脈→肺→肺静脈→左心房→左心室の順に流れる．心臓の左心室から送り出された血液が右心房に還ってくる流れを体循環（たいじゅんかん）（大循環）といい，各組織に酸素と栄養を送り，組織から出された二酸化炭素や老廃物を回収する流れである．また，右心室から肺を通って左心房に還ってくる流れを肺循環（はいじゅんかん）（小循環）といい，組織から出された二酸化炭素を排出し，酸素を取り込む流れである．そして血管には動脈と静脈があるが，心臓を中心として心臓から血液を送り出す血管を動脈，心臓に血液を返す血管を静脈という．通常，動脈血は酸素を多く含み，逆に静脈は二酸化炭素を多く含んでいる．しかし，肺動脈と肺静脈はそれらが逆になっているので注意を要する．

（2）心拍出量の要因

　組織に多くの酸素を送り出すためには，心臓から送り出される血液量を多くする必要がある．心臓から送り出される血液量のことを心拍出量といい，酸素摂取量や換気量と同様に1分間の値で示される．心拍出量は以下の式から求めることができる．

　　　　心拍出量＝心拍数×一回拍出量

　つまり，心拍数と一回拍出量がその要因となっているのである．

①心拍数

　心臓は一定のリズムで拍動を繰り返しているが，これは特殊な刺激伝導系システムによるものである．この伝導系はペースメーカーと呼ばれる洞結節（とうけっせつ）が興奮することから始まり，この興奮は心房全体

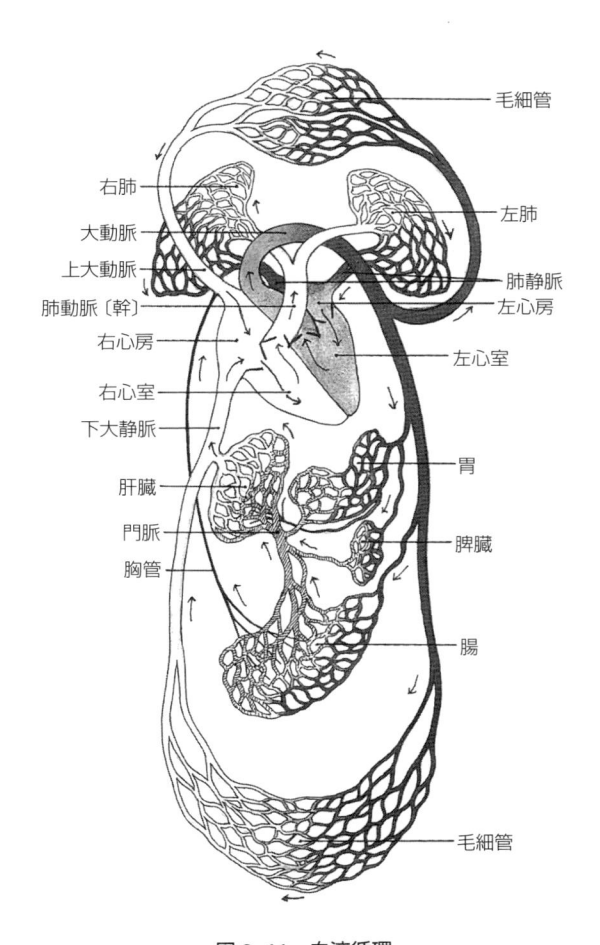

図 3-11　血液循環
（三井但夫ほか：新版　岡嶋解剖学．杏林書院，1986）

に広がり心房が収縮する．さらに興奮は房室結節（田原結節）→ヒス束→脚（左心室に興奮を伝える左脚と右心室に興奮を伝える右脚）→プルキンエ線維を経て心室全体に広がり心室が収縮する．その後心室は拡張（回復）するが，このような一連のリズムを作り出しているのである．この刺激伝導系における心筋の活動電位をとらえたものが心電図（Electrocardiogram：ECG）である（図 3-12）．

　また，心臓は交感神経と迷走神経により支配されており，その中枢は延髄にある．両者は拮抗的に働き，交感神経は促進的に働いて心拍数を上昇させ，迷走神経は抑制的に働いて心拍数を減少させている．安静状態における成人の心拍数（heart rate：HR）は毎分70拍前後で一定している．中には毎分60拍以下や100拍以上を示す人もいるが，前者を徐脈，後者を頻脈という．スポーツ選手は一般人に比べて徐脈を示す傾向にある．それは，交感神経の働きにより運動強度に比例して心拍数は増加するが，運動による心拍数の増

最大心拍数
最大心拍数は（220－年齢）で推定することができる．つまり20歳の人の最大心拍数は200拍/分，50歳の人は170拍/分というように加齢により最大心拍数は低い値となる．

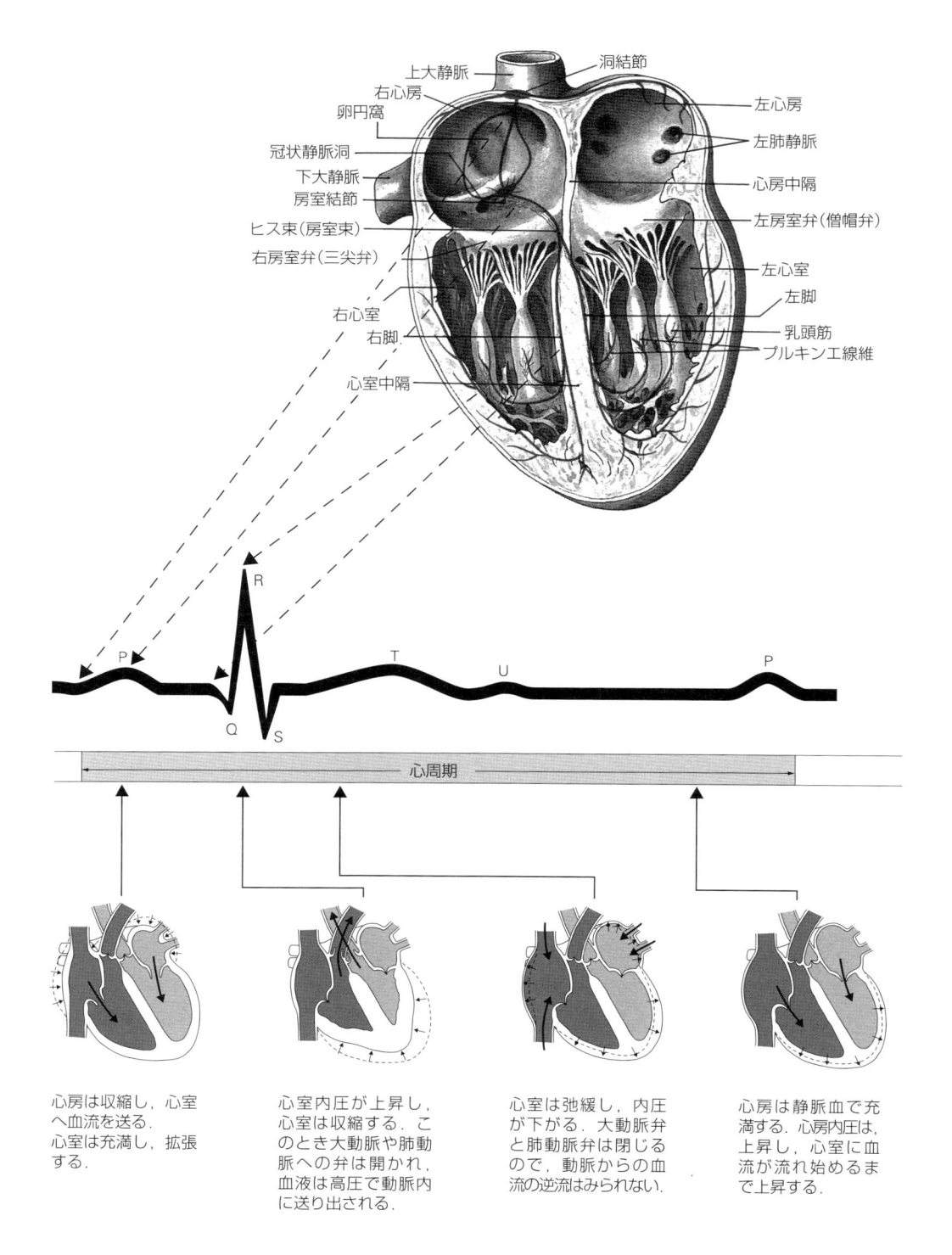

図 3-12 刺激伝導系と心臓の活動
(三井但夫ほか:新版 岡嶋解剖学. 杏林書院, 1986 を改変)

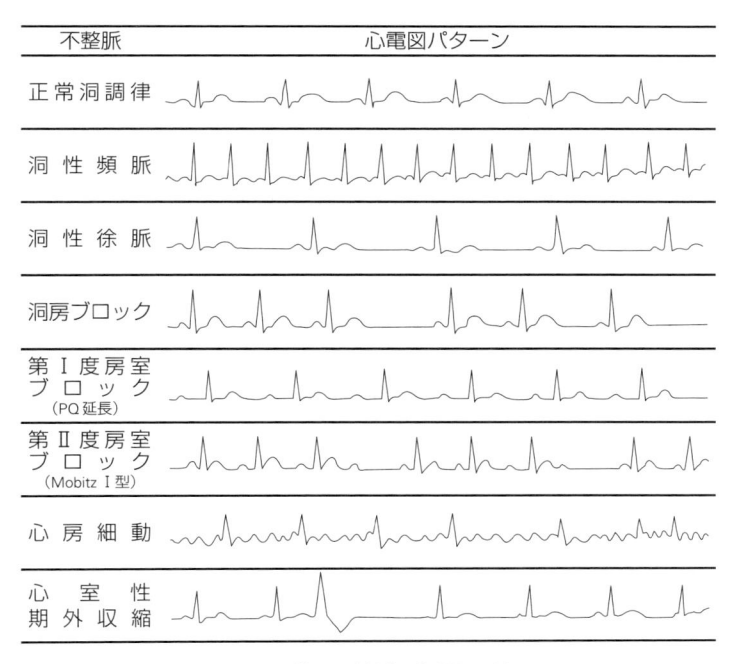

不整脈	心電図パターン
正常洞調律	
洞性頻脈	
洞性徐脈	
洞房ブロック	
第Ⅰ度房室ブロック（PQ延長）	
第Ⅱ度房室ブロック（MobitzⅠ型）	
心房細動	
心室性期外収縮	

図3-13　正常と不整脈の心電図パターン

加には限界があり，そのためそのまま増加すると危険を伴うことになる．そのため，迷走神経が働き心拍数を下げようとするのである．長期間激しいトレーニングを継続すると安静時においても常に迷走神経の緊張が優位になり，徐脈傾向を呈するようになると考えられている．このような徐脈傾向の人は次に示すスポーツ心臓の傾向にある人が多い．

　しかし，スポーツ心臓による徐脈傾向の場合，拍出量の減少とはならない．問題なのは，不整脈である（**図3-13**）．不整脈は心電図からみると，何らかの原因でリズムが違っていたりあるいは波形が異なっていたりするものである．程度にもよるが，不整脈の発生は拍出量の減少に繋がる．拍出量の減少は酸素および栄養の供給を減少させるものであり，筋のけいれんや不測の事態を招くおそれがあり，注意を要する．

②一回拍出量

　心臓の一回の収縮により送り出される血液量を一回拍出量といい，安静状態における成人の一回拍出量は約60〜70mLである．

　一回拍出量に影響を及ぼす要因としては，心臓の大きさや静脈還流などが考えられる．

　a．スポーツ心臓

　長期間激しいトレーニングを積んできたスポーツ選手の心陰影像をみると，一般の人よりも大きく，拡大していることが多い（**図3-**

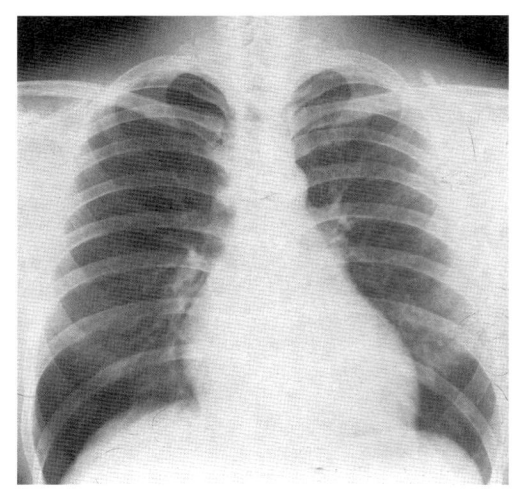

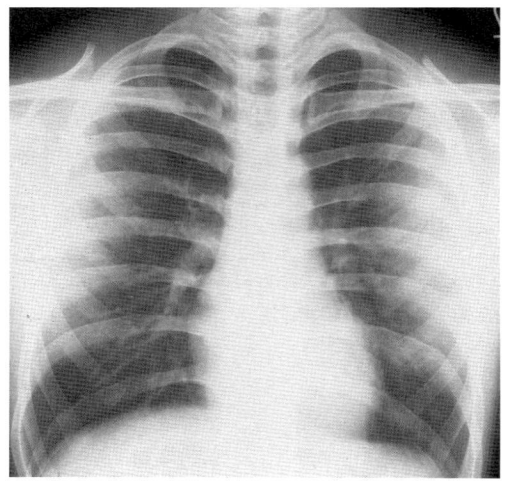

一流水泳選手（男性）　　　　　　　　　　　　一般人（男性）

図3-14　スポーツ心臓の症例
(東京女子体育大学運動生理学研究室資料)

14)．スポーツが原因となって機能的に心拡大を呈する心臓を特に「スポーツ心臓」と呼び，病的な心肥大と区別している．心拡大は心筋の肥大あるいは重量の増加を示す「心肥大」と心内腔（心室）が広くなった「心拡張」の両方を含めた表現であるが，従来からスポーツ心臓とは「心肥大」であるといわれてきた．しかし，近年は胸部X線撮影による心陰影像に加えて，心エコー図による検討が行われるようになってきた．その結果，エアロビックな運動種目では心拡張，アネロビックな運動種目では心肥大の傾向にあるとする研究がみられるようになってきた．

心容積については**表3-1**に示したが，大学女子スポーツ選手の心容積をみると，バスケットボール選手627.8mL，カヌー選手581.5mL，水泳選手560.6mLなどであった．また，わが国における男子一流選手に関しては柔道の重量級選手1,118.9mL，軽量級877.7mL（古田，1976），水泳選手799.5mL（中本，1981）など多くの報告がある．

b．静脈還流

心臓から送り出された血液は再び心臓に還ってこなければ次に送り出すことができない．心臓に還ってくる血流を静脈還流という．

心臓から送り出された血液は心臓の収縮力によって送り出されており，血圧は高い値を示す．しかし，心臓に還ってくるときには血圧はほとんど「0」に近い値を示している．つまり，この静脈還流は血圧によるものではなく，他の要因が考えられる．その要因とは以下のようなものが考えられる．

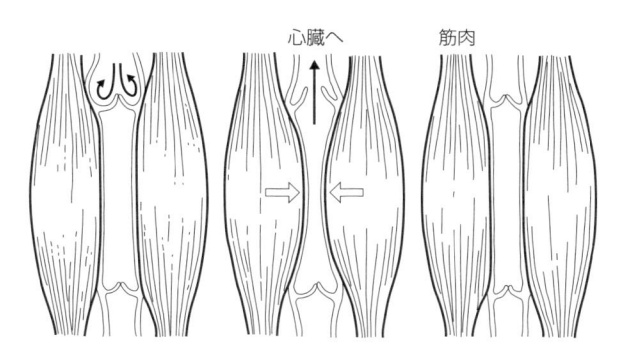

図 3-15　静脈弁と筋ポンプ

・重力
　心臓より上にいった血液は重力の影響により心臓に還ってくる．
・呼吸運動
　呼吸運動による胸腔内圧および腹腔内圧の変化により腹部および下半身の血流が促進される．
・筋ポンプ
　筋の緊張と弛緩の繰り返しにより血流を促進する（図 3-15）．つまり，筋の緊張により静脈は圧迫され血液を心臓の方へ還し，次に筋の弛緩，そして緊張，というように緊張と弛緩を繰り返すことにより還流を促進しているのである．このような動きは牛や山羊などの乳搾りの動作に似ていることから，ミルキングアクション（milking action）ともいわれている．なお，静脈には静脈弁があり，血液の逆流を防いでいる．

　このように地球上で生活している限り，「重力」や「呼吸」といった要因は意識することもなく身体への異常も感じることはない．それに対して運動中は筋ポンプの作用により還流しているが，運動終了に際して整理運動が行われないと筋ポンプの作用はなくなり，血液の還流は急激に減少することになる．心拍数は運動後すぐに安静時の値に戻るわけではなく，常にまだ多くの血液を送り出そうとしているのである．しかし，静脈還流の減少は拍出量の減少へと関連し，ひいては不整脈あるいは不慮の事故へと繋がることにもなる．運動後の整理運動の重要性を十分に認識することが必要であろう．

5）筋組織における酸素の取り込み能力

　心臓から送り出された酸素は，再び血管を通って筋まで運ばれる．しかし，筋がこの酸素を取り込まなくてはATPを再合成してエネルギーを産生することができない．筋の中にあって酸素を取り込む役割をしているのはミオグロビンである（エネルギーの項参照）．

そして，このミオグロビンを多く含む筋線維は速筋よりも遅筋である．そのため，大気中の酸素を体内に取り込み肺機能や心機能あるいは貧血の面で何ら問題がないとしても，筋の特性により速筋であれば酸素の取り込みが少ないため持久性の能力には劣ることになる．

3．運動と酸素摂取量

最大酸素摂取量の50〜60％の中等度の強度での運動における酸素摂取量の経時的変化を示すと，**図3-16**のような変化を示す．運動を物理的に考えれば，運動開始後すぐにエネルギー産生のために必要な酸素摂取レベルまで一気に酸素摂取量は増加し，逆に運動を終了すれば速やかに安静レベルに戻ることになる．しかし，人の体はすぐに運動に対応することはできず，運動を開始すると緩やかな曲線を描くように酸素摂取量は増加し（①），そして酸素摂取量が一定になる（②）．運動を終了すると緩やかな曲線を描くように酸素摂取量が減少し，安静の状態に戻る（③）．つまり，①では運動に必要な酸素が不足しているにもかかわらず運動が行われていることになるわけであるが，運動を開始するとまず筋中の無酸素性のエネルギーが使われることから（エネルギー供給機構参照），運動に必要な酸素不足分を借りていることになる．この段階を「酸素借」という．そして運動開始後4〜5分で②に到達する．この段階は酸素の需要と供給のバランスがとれている状態であり，「定常状態」という．いわゆるエアロビックな（有酸素的な）状態であり，酸素摂取量以外にも呼吸数・心拍数・血圧などが安定しており，精神的に非常に楽な状態である．そして，③は①で借りた酸素不足分をもとの状態に返す段階であり，「酸素負債」という．

持久的な能力を向上させるためには，定常状態をいかに高いレベルに保つかということが必要になる（第8・9章トレーニング参照）．しかし，定常状態のレベルのまま運動を継続すると，筋の緊張・心拍数や呼吸数の増加，そして精神的には「苦しい」状態が現れる．これを「デッドポイント（dead point：死点）」という．この状態が現れると，同じレベルでの運動は継続できなくなることからレベルを下げることになる．そうすると，デッドポイントで現れていた症状が緩和あるいは解消され，再び定常状態を取り戻すことになる．この状態を「セカンドウィンド（second wind）」という．「デッドポイント」や「セカンドウィンド」が訪れるのは，運動中に1回だけとは限らず，その発現時間や頻度は運動の強度・個人差などにより異なる．

一方，陸上短距離走のような激しい強度での運動では定常状態は

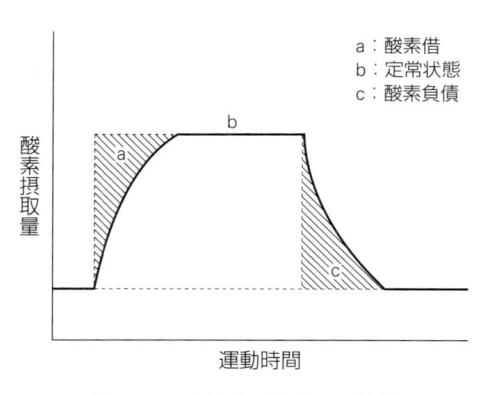

図 3-16　中等度の強度での運動

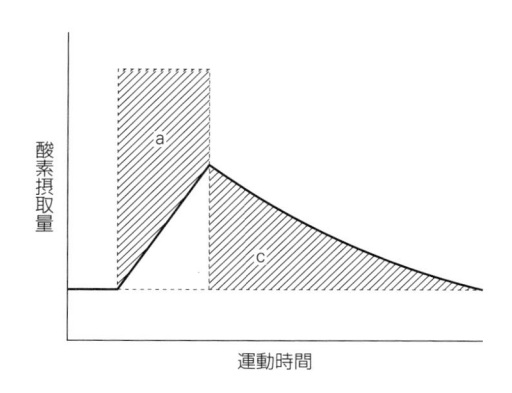

図 3-17　激運動

みられず，酸素負債の増大がみられる（**図 3-17**）．

4．エネルギーの指標

運動における強度あるいは，エネルギーの指標には，RMR（relative metabolic rate：エネルギー代謝率）・MET（S）（metabolic equivalent），RQ（respiratory quotient：呼吸商）などがある．

1）RMR と MET（S）

RMR および MET（S）は以下のように求められる．
　　RMR ＝運動代謝量／基礎代謝量
　　MET（S）＝運動代謝量／安静代謝量

運動代謝量は運動で消費したエネルギー量を表し，基礎代謝量は覚醒状態で生命を維持するために最小限必要なエネルギー量のことをいい，時間的には朝の覚醒直後に測定する．つまり RMR は運動で消費したエネルギー量が基礎代謝量の何倍になるかということを示すものである（**表 3-4**）．

しかし，RMR は日本独自の方法であり，最近では MET（S）が用いられるようになってきた．安静代謝量は基礎代謝量のように時間的に制限されることなく，日常における安静時のエネルギー消費量を求めたものであり，運動時のエネルギー消費量が安静代謝の何倍に相当するのかを示すものである．1MET は酸素摂取量の 3.5mL／kg／min に相当するものであり，METS と表示するのは複数形である．

2）RQ

RQ は安静時あるいは運動中のエネルギーとしての糖質（炭水化物）と脂質がどれくらいの割合で燃焼しているのかを知ることので

表3-4 運動の強度（RMR）の目安

運動の種類	運動の強度(RMR)	エネルギー消費量(kcal/kg/min) 男性	女性
普通の運動	2.5～6.0		
自転車（普通の速さ）	2.6	0.066	0.061
階段を降りる	3.0	0.073	0.068
掃除，雑巾かけ	3.5	0.082	0.076
急ぎ足（通勤，買い物）	3.5	0.082	0.076
布団　あげおろし	3.5	0.082	0.076
干す，とりこむ	4.9	0.107	0.099
階段昇降	4.6	0.101	0.094
ボウリング	2.5 (1.5～3.5)	0.064	0.060
ソフトボール（平均）	2.5 (1.5～3.5)	0.064	0.060
投手	3.0 (2.0～4.0)	0.073	0.068
野手	2.0 (1.5～3.5)	0.055	0.051
野球（平均）	2.7 (2.5～4.0)	0.068	0.063
投手	4.0 (3.0～5.0)	0.091	0.084
野手	2.5 (2.0～3.0)	0.064	0.060
キャッチボール	3.0 (2.0～4.0)	0.073	0.068
ゴルフ（平地）	3.0 (2.0～4.0)	0.073	0.068
ダンス（軽い）	3.0 (2.5～3.5)	0.073	0.068
（活発な）	5.0 (4.0～6.0)	0.108	0.100

（厚生省保健医療局健康増進栄養課：日本人の栄養所要量（第四次改訂）．第一出版，1989）

きるものである（**表3-5**）．以下の式から求められる．

$$RQ = \dot{V}CO_2（二酸化炭素排出量）/ \dot{V}O_2（酸素摂取量）$$

糖質と脂質が50％ずつ燃焼するとRQ = 0.85であるが，以下に示したように糖質が100％燃焼した場合はRQ = 1.0となり，脂質が100％燃焼した場合はRQ = 0.70となる．強度の高い運動をするとRQの値が高くなってくる．

糖質　　$C_6H_{12}O_6 + 6O_2 \rightarrow 6CO_2 + 6H_2O$
　　　　$RQ = 6CO_2 / 6O_2 = 1.0$
脂質　　$CH_3(CH_2)_{14}COOH$（パルミチン酸）$+ 23O_2$
　　　　$\rightarrow 16CO_2 + 16H_2O$
　　　　$RQ = 16CO_2 / 23O_2 = 0.70$

またこの応用として，エネルギー消費量を求めることもできる．酸素1Lで約5kcalのエネルギーを作り出すことができる．たとえば，20分間の運動を行ったときの酸素摂取量の毎分平均値が1Lであったとすると，20分間で20Lの酸素消費量になるので20L×5kcal = 100kcalの消費ということになる．このときのRQの平均値が0.85であれば，

糖質　100kcal×0.507 = 50.7kcal
脂質　100kcal×0.493 = 49.3kcal

の燃焼となる．さらに，1gを燃焼するとき糖質では4.1kcal，脂質

表3-5 非タンパク質RQ別の熱量と燃焼比率

非タンパク RQ	酸素1L当たりの消費量（kcal/L）	燃焼比率（%）		酸素1L当たりの消費量（g/L）	
		炭水化物	脂肪	炭水化物	脂肪
0.707	4.686	0	100	0.000	.496
0.71	4.690	1.10	98.9	.012	.491
0.72	4.702	4.76	95.2	.051	.476
0.73	4.714	8.40	91.6	.090	.460
0.74	4.727	12.0	88.0	.130	.444
0.75	4.739	15.6	84.4	.170	.428
0.76	4.751	19.2	80.8	.211	.412
0.77	4.764	22.8	77.2	.250	.396
0.78	4.776	26.3	73.7	.290	.380
0.79	4.788	29.9	70.1	.330	.363
0.80	4.801	33.4	66.6	.371	.347
0.81	4.813	36.9	63.1	.413	.330
0.82	4.825	40.3	59.7	.454	.313
0.83	4.838	43.8	56.2	.496	.297
0.84	4.850	47.2	52.8	.537	.280
0.85	4.862	50.7	49.3	.579	.263
0.86	4.875	54.1	45.9	.621	.247
0.87	4.887	57.5	42.5	.663	.230
0.88	4.899	60.8	39.2	.705	.213
0.89	4.911	64.2	35.8	.749	.195
0.90	4.924	67.5	32.5	.791	.178
0.91	4.936	70.8	29.2	.834	.160
0.92	4.948	74.1	25.9	.877	.143
0.93	4.961	77.4	22.6	.921	.125
0.94	4.973	80.7	19.3	.964	.108
0.95	4.985	84.0	16.0	1.008	.090
0.96	4.998	87.2	12.8	1.052	.072
0.97	5.010	90.4	9.58	1.097	.054
0.98	5.022	93.6	6.37	1.142	.036
0.99	5.035	96.8	3.18	1.186	.018
1.00	5.047	100.0	0	1.231	.000

（McArdle WD, et al.（田口貞善ほか監訳）：運動生理学．杏林書院，1992）

では9.3kcalのエネルギーを生産することから，糖質は50.7kcal/4.1kcal＝12.4g，脂質は49.3kcal/9.3kcal＝5.3gを消費したことになる．

参考文献

1) 雨宮輝也：エアロビックパワーからみたスポーツ選手の体力特性．J J Sports Sci, 6: 692-696, 1987.
2) Åstrand PO（朝比奈一男監訳）：オストランド運動生理学．大修館書店，1976.
3) 古田善伯ほか：柔道選手の循環系機能の特性―特に心容積，PWC170および安静時心電図を中心として―．武道学研究，8（3）：33-41, 1976.
4) 伊藤 朗：図説・運動生理学入門．医歯薬出版，1991.
5) 厚生省保健医療局健康増進栄養課：日本人の栄養所要量（第四次改訂）．第一出版，1989.
6) 真島英信ほか：人体生理の基礎．杏林書院，1982.
7) McArdle WD, et al.（田口貞善ほか監訳）：運動生理学．杏林書院，1992.

8）三井但夫ほか：新版　岡島解剖学．杏林書院，1986．
9）長嶺晋吉ほか：スポーツ選手における貧血の発生と予防に関する研究．昭和59年度日本体育協会スポーツ科学研究報告，1985．
10）中本　哲：女子運動選手における持久力評価指標の検討．東京女子体育大学紀要，25：45-56，1990．
11）中本　哲ほか：大学女子運動選手の無酸素パワー．東京女子体育大学女子体育研究所研究集録，11：22-28，1989．
12）中本　哲ほか：モスクワオリンピック候補水泳選手の体格・体力について．筑波大学体育科学系紀要，4：111-119，1981．
13）中野昭一：図説・運動の仕組みと応用　第2版．医歯薬出版，1996．
14）堺　章：目で見るからだのメカニズム．医学書院，1994．

第4章 運動時のエネルギー代謝の調節機構

　前章では，運動時のエネルギー代謝の概略を示した．本章では，運動時のエネルギー基質である糖質，脂質およびアミノ酸の供給と利用の巧みな調節機構について解説する．

　糖質は細胞にとって重要なエネルギー源で，摂取した糖質は腸管から吸収され，肝臓と筋でグリコーゲンとして貯蔵されている．グリコーゲンはグルコース（糖）が樹状に連なった重合体で，人の肝臓ではおよそ100gのグリコーゲンが貯蔵されている．骨格筋内のグリコーゲンはトレーニングや食事の状態によって大きく変動するが，最大でも500g程度といわれている．肝臓のグリコーゲンは血糖を常に一定に保つとともに肝臓のさまざまな代謝と機能を維持する．一方，骨格筋のグリコーゲンは，おもに筋線維の活動に利用されている．エネルギー源として利用される脂質は中性脂肪（トリアシルグリセロール，TG）である．TGはグリセロール基と3分子の脂肪酸からなり，リパーゼによって分解され，放出される脂肪酸が骨格筋で酸化される．体内に蓄えられているTGはグリコーゲンの2倍以上のエネルギーを持っているが，運動強度が高くなるにつれて脂肪酸酸化速度は減少していく．アミノ酸も運動時のエネルギー源として利用されるが，20種類あるアミノ酸のうち，おもに分岐鎖アミノ酸（BCAA）と呼ばれる3種類のアミノ酸（バリン，ロイシン，イソロイシン）が骨格筋の燃料となる．

1．グルコース代謝の調節

　骨格筋で利用されるグルコースは，筋内に貯蔵されているグリコーゲン分解によるグルコースと細胞外から取り込まれたグルコースである（図4–1）．グリコーゲンはグリコーゲンホスホリラーゼを触媒とした化学反応によって分解され，その結果グルコースリン酸が生じる．一方，細胞外からのグルコースはグルコーストランスポーター（グルコース輸送体：GLUT）によって促進的に取り込まれる．GLUTにはGLUT1～5，7までの6種類のサブタイプが存在する．骨格筋では，GLUT4がインスリンや筋収縮に反応して細胞

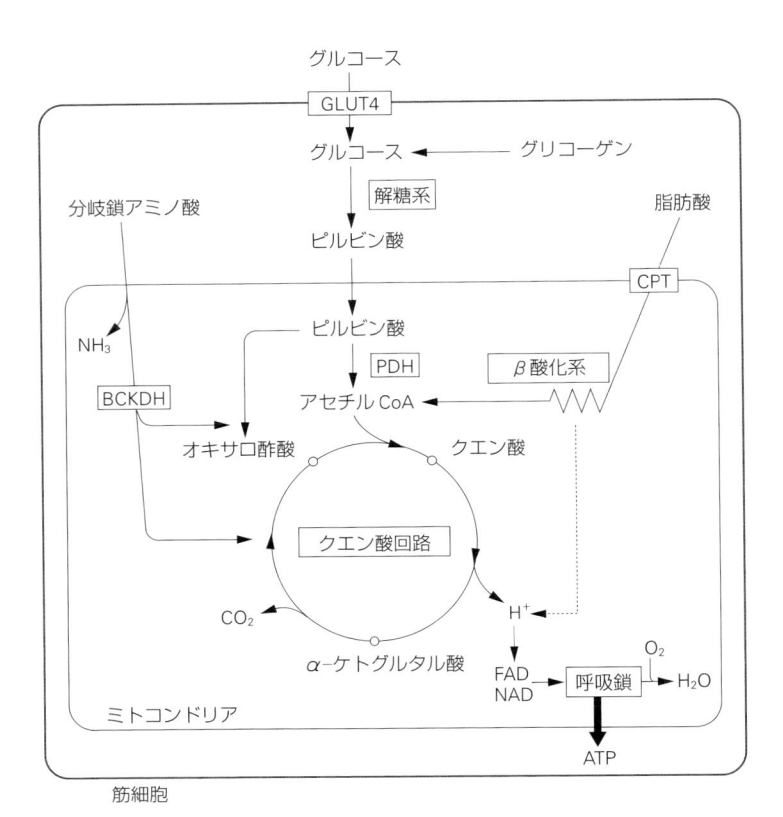

図4-1 筋細胞における糖，脂質およびアミノ酸の代謝経路
GLUT4：グルコース輸送体，CPT：カルニチンパルミトイルトランスフェラーゼ，
PDH：ピルビン酸脱水素酵素，BCKDH：分岐鎖αケト酸脱水素酵素
（下村吉治：エネルギー供給系とトレーニング．芳賀脩光ほか編，トレーニング生理学，pp243-249，杏林書院，2003）

内から細胞膜に移行し細胞外からのグルコース取り込みを促進する（図4-2）．運動トレーニングを行うと，GLUT4の総量は増加する．インスリンによるGLUT4の移行はインスリンの細胞内情報伝達経路を介して行われるが，筋収縮によるGLUT4の移行の詳細はよくわかっていない．現在のところ，AMP-活性化キナーゼ（AMPK）が重要な役割を果たすとされている．AMPKはATPが分解されてAMPが生成されると活性化される酵素で，グルコース輸送だけではなく脂肪酸輸送タンパク質の細胞膜への移行を促し，脂肪酸の取り込みも促進させるようである．

　骨格筋内のグルコースは解糖作用を受け1分子のグルコースから2分子のATPが生成される．解糖には多くの酵素がかかわっているが，その酵素活性は持久的トレーニングによって低下する．そのためトレーニングを行うと乳酸生成率が低くなる．しかし，きわめて強度の高いトレーニングでは増加するようである．

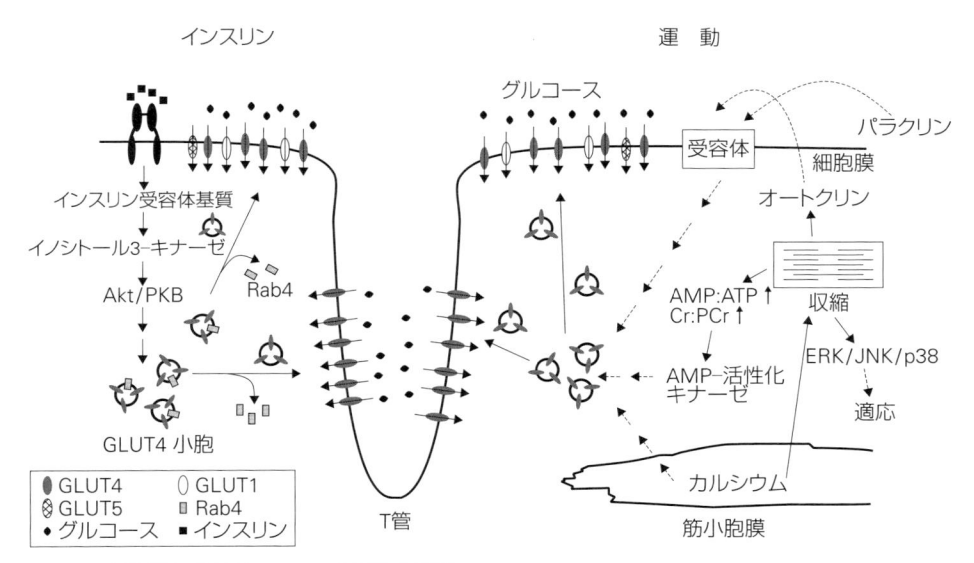

図 4-2　骨格筋における GLUT4 の細胞内移動
骨格筋における主要なグルコース輸送体は GLUT4 である．細胞内にプールされた GLUT4 は，細胞膜に移動してグルコースの取り込みを行う．インスリンによる GLUT4 の細胞内移動では，インスリン受容体基質（IRS），ホスファチジルイノシトール 3-キナーゼ（PI3-kinase）などが含まれるが，筋収縮による作用の場合には，インスリン刺激の経路とは異なり，AMP-活性化キナーゼ（AMPK）がその作用のメカニズムに含まれていることが示唆されている．
（Hayashi T, et al.,: Exercise regulation of skeletal muscle glucose transport. Adv Exerc Sports Physiol, 5: 1-8, 1999）

解糖作用によってピルビン酸が生じ，嫌気的条件下では乳酸脱水素酵素によって乳酸に変換される．一方，好気的条件下ではピルビン酸脱水素酵素（PDH）によってアセチル CoA に変換されて TCA（クエン酸）回路で処理される．PDH はリン酸化した不活性型からホスファターゼの作用によって脱リン酸化すると活性型に移行する．また，ピルビン酸やアセチル CoA によっても活性調節を受ける．PDH 活性も運動トレーニングによって低下するようである．

運動中の血糖調節機構はホルモンの影響も受け，グルカゴンやカテコールアミン，コルチゾール，インスリンなどが重要な役割を演じている（運動とホルモンの詳細については次章を参照のこと）．

2．脂肪代謝の調節

1）脂肪酸の供給

エネルギー源としての脂肪酸は，脂肪組織や骨格筋に蓄えられている TG や血中リポタンパクの TG に由来する（図 4-3）．

脂肪組織の脂肪動員反応はホルモン，特にカテコールアミンによる調節を受ける．実際，安静時のヒトでは血漿のカテコールアミン

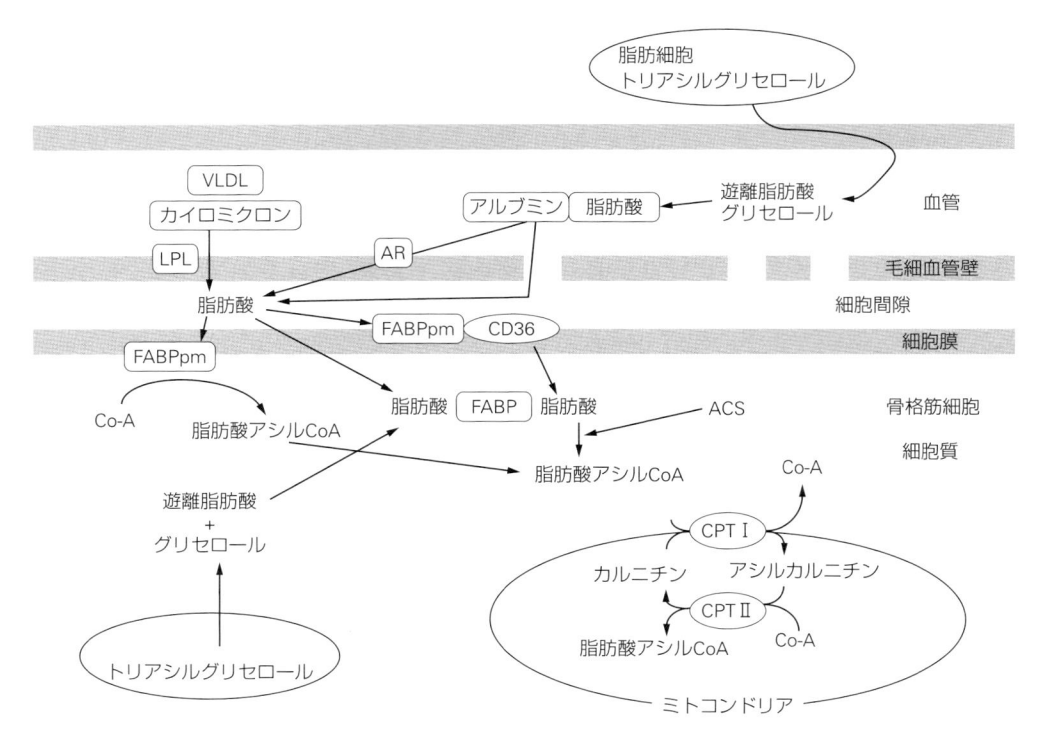

図 4-3 筋細胞への脂肪酸供給経路と代謝過程
VLDL：超低密度リポタンパク質　LPL：リポプロテインリパーゼ　AR：アルブミン受容体
FABP：脂肪酸結合タンパク質　CPT：カルニチンパルミトイルトランスフェラーゼ
ACS：アシル Co-A シンターゼ

濃度と脂肪分解反応には高い相関がみられる．また，カテコールアミンが結合する β アドレナリン受容体を遮断すると，運動時の脂肪動員は著しく抑制される．しかし，完全には阻害されないため，カテコールアミン以外のホルモンも運動時の脂肪動員にかかわっているようである．たとえば，コルチゾールや甲状腺ホルモンも運動強度や時間の増加に伴って増加し，これらのホルモンがカテコールアミンに許容的に働き脂肪分解を促進しているのかもしれない．

インスリンは脂肪細胞の脂肪分解を著明に抑制する．しかし，このホルモンの血漿濃度は運動開始に伴い速やかに低下し，運動中のインスリン血中濃度は安静時の50％近くにまで減少し，インスリンによる脂肪分解抑制効果も低下する（次章，図5-4）．

脂肪細胞のカテコールアミンによる脂肪分解反応は運動トレーニングによって増強し，インスリンの脂肪分解抑制作用も身体トレーニングによって亢進するようである．

2）骨格筋における脂肪酸酸化経路と運動

骨格筋の脂肪酸の酸化はミトコンドリアの β 酸化系で行われる．

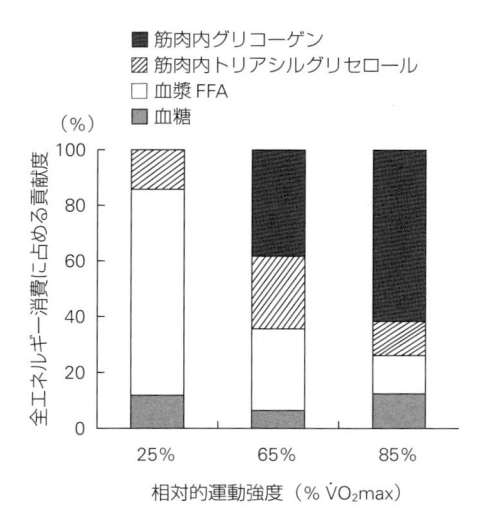

図4-4 運動時のエネルギー貢献度

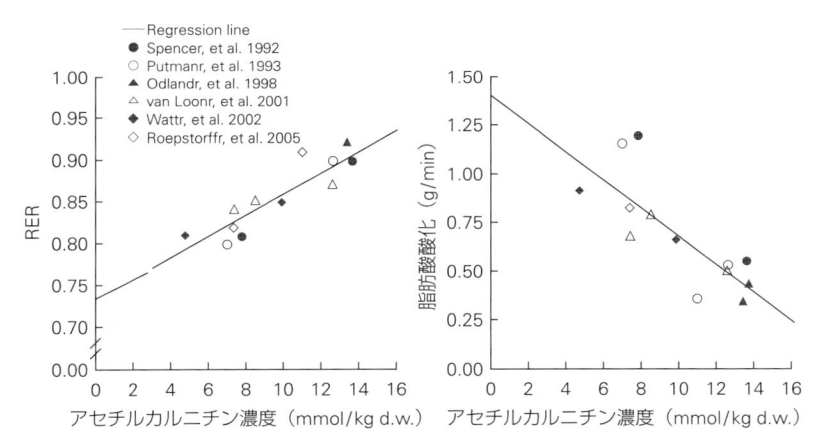

図4-5 アセチルカルニチンと呼吸交換比（RER）と脂肪酸酸化との関係
d.w.：乾燥重量
（Kiens B: Skeletal muscle lipid metabolism in exercise and insulin resistance. Physiol Rev, 86: 205-243, 2006）

その脂肪酸酸化速度はカルニチンパルミトイルトランスフェラーゼ（CPT）の活性に律速される．この酵素は脂肪酸を取り込む働きをしており，ミトコンドリアの外膜と内膜にそれぞれCPT IとCPT IIが存在し（図4-3），CPT Iの活性は運動強度が高くなると抑制される．その結果，全エネルギー消費に占める脂肪酸利用率は低下する（図4-4）．CPT Iの活性はマロニルCo-Aによって抑制され，安静時の骨格筋や運動時のラットの骨格筋ではマロニルCo-A濃度の変化と脂肪酸酸化速度はよく一致している．しかし，ヒトの骨格筋では，運動強度が高くなり脂肪酸酸化速度が低下してい

表4-1　アミノ酸とその略記

アラニン（Ala）	ロイシン（Leu）*
アルギニン（Arg）	リシン（Lys）*
アスパラギン（Asn）	メチオニン（Met）*
アスパラギン酸（Asp）	フェニルアラニン（Phe）*
システイン（Cys）	プロリン（Pro）
グルタミン酸（Glu）	セリン（Ser）
グルタミン（Gln）	スレオニン（Thr）*
グリシン（Gly）	トリプトファン（Trp）*
ヒスチジン（His）	チロシン（Tyr）
イソロイシン（Ile）*	バリン（Val）*

*必須アミノ酸

る状態でも，マロニルCo-Aの生成量が増加することはないようである．一方，運動時にはアセチルCoAが増加するためアセチルカルニチンの形成が促進する．その結果，カルニチンプールのアセチル化が進行し，遊離カルニチンとCo-Aの減少が起こる．実際，アセチルカルニチンの濃度は呼吸交換比（RER）と正の相関を示し，脂肪酸酸化（fat oxidation）とは負の相関を示す（図4-5）．このように，アセチルカルニチンの増加に伴う遊離カルニチンとCo-Aの減少が，CPT Iを介した脂肪酸取り込みの低下を招く一因となっているようである．そのほかにも，激運動時の細胞内pHの低下もCPT I活性の低下を促しているようである．

　持久的運動トレーニングを行うと，骨格筋のミトコンドリア容量の増加やβ酸化が亢進するとともに筋内TG含量が増加し，CPT I活性と膜の脂肪酸結合タンパク質の増加もみられる．その結果，持久的運動トレーニング後にはエネルギー源としての脂肪酸利用率は高まる．

3．アミノ酸代謝の調節

　生体内のアミノ酸は20種類あり（**表4-1**），生体内で遊離しているか，短鎖のペプチド，もしくはペプチドが長く結合した複雑なタンパク質の形で存在している．糖質や脂質などの燃料が枯渇したときには，アミノ酸が燃料として盛んに利用される．このような場合には，身体の構造タンパク質を分解して肝臓でグルコースを生成（糖新生）する．また，タンパク質を過剰に摂取したときには，食物中のアミノ酸を肝臓での糖新生やATP産生に利用する．運動時にもアミノ酸が燃料として利用される．おもにバリン，ロイシン，イソロイシンの分岐鎖アミノ酸（BCAA）が燃料として利用されるが，アラニンやアスパラギン酸，グルタミン酸なども酸化する．しかし，アミノ酸酸化が運動時の全エネルギーに占める割合は，6～10%程度である．

BCAAはミトコンドリア内で分岐鎖アミノ酸アミノ基転移酵素（BCAT）によって分解され，まず分岐鎖αケト酸が生じる．続いて，αケト酸は分岐鎖αケト酸脱水素酵素（BCKDH）により触媒されCo-A化合物（アセチルCo-A，アセト酢酸，サクシニルCo-A）が生じ，エネルギー生成に利用される（**図4-1**）．運動トレーニングによってミトコンドリアが増加するためBCKDHの酵素量も増える．

　血中アミノ酸濃度は短時間の中等度運動ではあまり変化しない．しかし，運動が長時間に及びBCAAの消費が増すとともに，血中のアラニンとアンモニア濃度が増加してアミノ酸濃度は減少する．

　運動中に分解される筋タンパク質は筋線維由来のものではなく細胞質由来とされているが，運動前にBCAAを投与すると，運動中の筋タンパク質の分解が抑制される．これは投与したBCAAの分解が亢進し筋タンパク質の分解が抑制されるとされている．

参考文献
1） 井澤鉄也：運動と脂肪代謝．ホルモンと臨床，54（10）：87-96，2006．
2） Izawa T, et al.: Cellular adaptations of adipocytes to exercise training. In: Nose H, et al., eds, Exercise, Nutrition, and Environmental Stress, GSSI Sports Science Network Forum, Vol 2, pp213-238, Cooper, 2002.
3） Kiens B: Skeletal muscle lipid metabolism in exercise and insulin resistance. Physiol Rev, 86: 205-243, 2006.
4） 下村吉治：エネルギー供給系とトレーニング．芳賀脩光ほか編，トレーニング生理学，pp243-249，杏林書院，2003．
5） van Loon LJ: Use of intramuscular triacylglycerol as a substrate source during exercise in humans. J Appl Physiol, 97: 1170-1187, 2004.

第5章 ホルモンによる運動の調整

　生体は，ストレスに曝されるとさまざまな防御機構を働かせて内部環境の恒常性を維持する．この生体の恒常性の維持，ホメオスタシス（homeostasis）という概念は，1932年にCannonによって"The wisdom of the body"で提唱された．冒頭に述べたストレスという言葉は，ホメオスタシスを乱す要因としてとらえられており，Hans Selyeが，生体が危機的な状況に陥ったときには"just being sick"な症候が現れることを発見し，これをストレスと定義したことに始まる．

　生体がホメオスタシスを維持するためには，細胞間や細胞内の情報伝達機構を活発に働かせる必要がある．このとき主役を演じるのが神経系と内分泌系および免疫系の3つの情報伝達系である．内分泌系の調節は内分泌腺細胞からホルモンを分泌し，さまざまな生理機能を調節する．ホルモンは周囲の脈管の中へ吸収された後，細胞間伝達物質として特定の臓器（標的器官）に運搬され，それぞれの細胞に固有の生理応答を引き起こす．これに対して神経系の調節は神経によって情報を末梢の器官に送り，神経終末から分泌される神経伝達物質がシナプス間隙を拡散することによって生理応答を発現させる．その意味では，神経性の調節も体液性因子による調節といえよう．このような調節系で中心的役割を果たすのが，視床下部―下垂体―副腎皮質系と交感神経―副腎髄質系である．主要な内分泌器官とホルモンの作用を図5-1および表5-1にまとめた．

1．ホルモンの分泌を調節するしくみ

　ホルモン分泌を調節するしくみとしてもっとも単純なものは自己調節系である（図5-2）．たとえば，上皮小体は血液中のカルシウム濃度が低下するとパラソルモンを放出する．また，膵臓は血糖値が低下するとランゲルハンス島のα細胞はグルカゴンを放出し，血糖値が高くなるとβ細胞はインスリンを分泌する．カルシウム濃度や血糖は，それぞれ上皮小体や膵ランゲルハンス島に対するフィードバック因子として働き，その増減に応じて当該ホルモンの分泌量

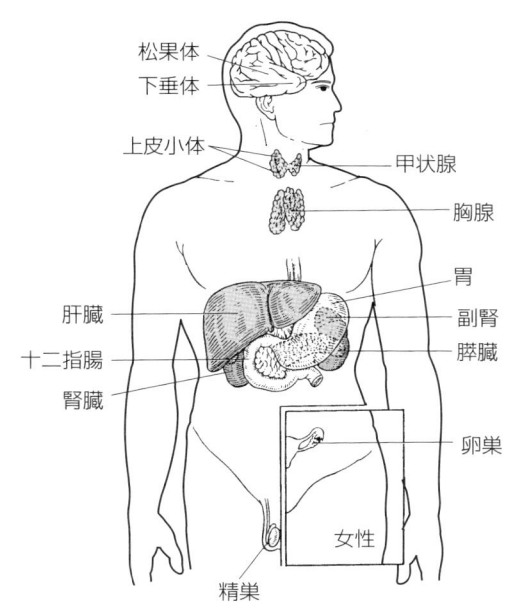

図5-1　主要な内分泌腺の位置
（坪井實編：人体の生理学．p183，廣川書店，1982）

も変化する．

　自己調節系に比べてやや複雑なものは，神経内分泌による情報伝達の型である．これは，視床下部からの神経刺激や調節ホルモン（向下垂体因子）が下垂体を刺激し，下垂体から放出されたホルモンが標的器官に作用する視床下部—下垂体系である（図5-2，3）．視床下部と下垂体前葉は下垂体門脈で連絡されており，視床下部の神経内分泌細胞から分泌される向下垂体因子は門脈系の血液中に放出される．その後，下垂体に運搬された向下垂体因子が下垂体ホルモンの分泌を促す．たとえば成長ホルモンは，視床下部からの成長ホルモン放出促進ホルモンが下垂体前葉を刺激することによって分泌される．この成長ホルモンの分泌は，脂肪酸やグルコースおよびホルモン自身の血中濃度変化によるフィードバック調節を受ける．下垂体後葉には視床下部からの神経が延びてきており，その神経末端から後葉ホルモンが分泌される．

　さらに複雑なのは，視床下部の神経細胞が向下垂体因子を分泌し，これが下垂体を刺激して下垂体ホルモンの分泌を促進し，放出された下垂体ホルモンが標的内分泌器官を刺激する型（視床下部—下垂体—末梢内分泌腺系）である（図5-3）．副腎皮質刺激ホルモン（ACTH）の分泌とその作用がよい例である．下垂体前葉からのACTHの分泌は視床下部からの副腎皮質刺激ホルモン放出ホルモン（CRH）によって促進され，放出されたACTHは副腎皮質に働きコルチゾールを分泌する．これらのホルモン分泌もフィードバッ

表 5-1 内分泌器官とホルモン作用

内分泌腺	ホルモン名	おもな作用
視床下部	成長ホルモン放出促進ホルモン（GRH）	成長ホルモンの分泌促進
	成長ホルモン放出抑制ホルモン（GIH）（ソマトスタチン）	成長ホルモンの分泌抑制
	プロラクチン放出ホルモン（PRH）	プロラクチンの分泌促進
	プロラクチン抑制ホルモン（PIH）	プロラクチンの分泌抑制
	甲状腺刺激ホルモン放出ホルモン（TRH）	甲状腺刺激ホルモン分泌促進
	副腎皮質刺激ホルモン放出ホルモン（CRH）	副腎皮質刺激ホルモン分泌促進
	ゴナドトロピン放出ホルモン（Gn-RH）	性腺刺激ホルモンの分泌促進
	メラニン細胞刺激ホルモン放出ホルモン（MRH）	メラニン細胞刺激ホルモンの分泌促進
	メラニン細胞刺激ホルモン抑制ホルモン（MIH）	メラニン細胞刺激ホルモンの分泌抑制
下垂体前葉	甲状腺刺激ホルモン（TSH）	甲状腺ホルモンの分泌促進
	副腎皮質刺激ホルモン（ACTH）	副腎皮質ホルモンの分泌促進
	成長ホルモン（GH）	成長の促進
	卵胞刺激ホルモン（FSH）	卵胞の成熟促進，精子形成促進
	黄体形成ホルモン（LH）	FSHと共働し卵胞を成熟させ，排卵を誘発する．黄体形成の促進
	黄体刺激ホルモン（プロラクチン）（LTH）	成熟乳腺に作用し乳汁の分泌促進
下垂体中葉	メラニン細胞刺激ホルモン（MSH）	色素細胞の拡散
下垂体後葉	抗利尿ホルモン（バソプレッシン）（ADH）	尿細管における水の再吸収促進
	オキシトシン	乳汁の排出（射乳），子宮の収縮
甲状腺	サイロキシン	基礎代謝の亢進，骨格筋や腎臓，肝臓におけるタンパク合成の増加，糖代謝や脂肪代謝の促進，骨組織での代謝促進，造血機能の促進
上皮小体	パラソルモン	血液中のカルシウムイオン濃度上昇，尿中へのリン酸排出の促進，尿細管でのカルシウムの再吸収促進
副腎皮質	糖質コルチコイド	肝臓におけるタンパク質代謝を亢進し血中への糖動員を促進する（血糖上昇作用）．抗炎症作用，赤血球や血小板の増加，リンパ球の減少，利尿の促進，カテコールアミンやグルカゴンの作用に対して許容効果を持つ．
	電解質コルチコイド（アルドステロン）	尿細管におけるナトリウムイオンの再吸収促進，体液中の塩類平衡維持（細胞外液量の保持）．
副腎髄質	アドレナリン（エピネフリン）	血圧上昇，心筋収縮力の亢進，心拍数の増加，血糖上昇作用（肝臓や筋におけるグリコーゲン分解の促進），平滑筋の弛緩，脂肪細胞における脂肪分解促進．
	ノルアドレナリン（ノルエピネフリン）	末梢抵抗の増加による血圧上昇．血糖上昇（アドレナリンに比べその作用は小さい）．脂肪細胞における脂肪分解を促進．
膵臓	グルカゴン	ランゲルハンス島のα細胞から分泌される．肝臓においてグリコーゲンやタンパク，脂肪の分解を促進．
	インスリン	ランゲルハンス島のβ細胞から分泌される．骨格筋や心筋，脂肪細胞において糖の取り込みを促進．
生殖腺	テストステロン	精巣から分泌される．男性2次性徴の発現．タンパク質同化作用．発育促進．
	エストロゲン	卵巣から分泌される．卵胞成長促進．子宮の周期的変化や血流増大．女性発情作用．

（井澤鉄也ほか：内分泌（ホルモン）の働き．中野昭一編，スポーツ医科学，p116，杏林書院，1999）

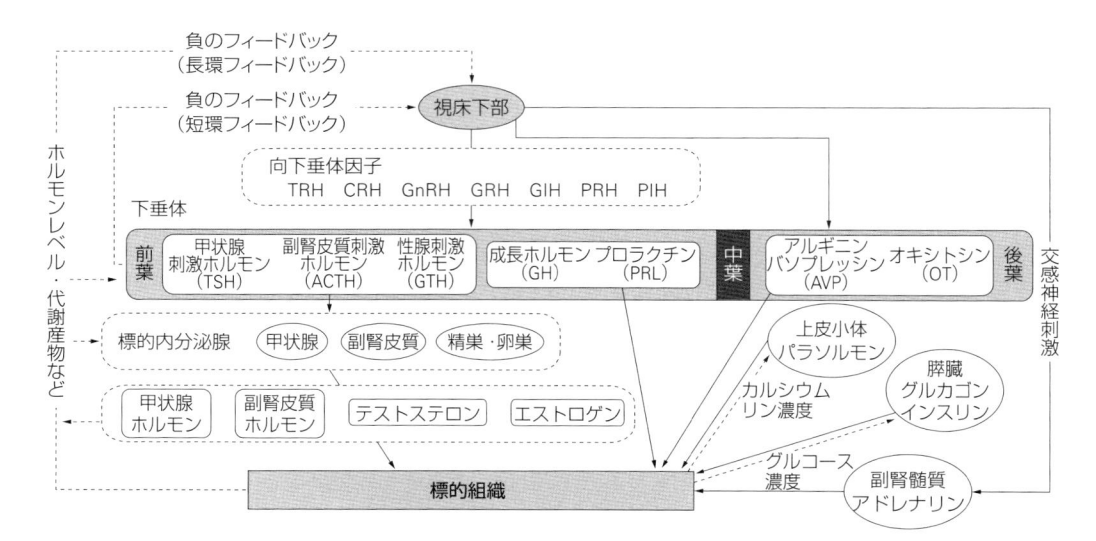

図 5-2　内分泌系の情報伝達経路
（井澤鉄也：ホルモンの分泌を調節するホルモン．やさしい生理学（森本武利，彼末一之編集），改訂第 5 版，p137，2005，南江堂）より許諾を得て改変し転載．

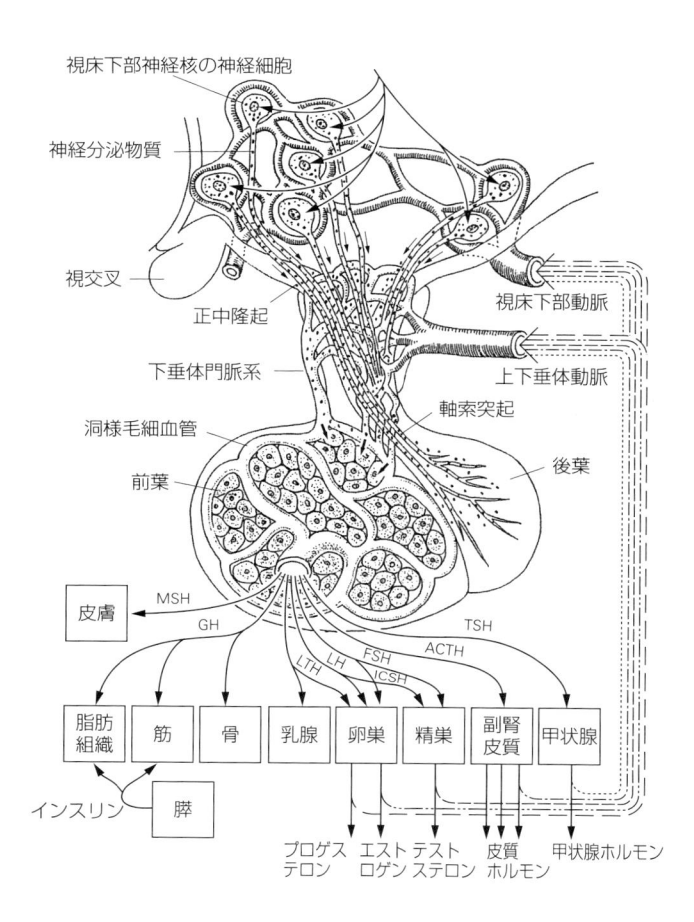

図 5-3　下垂体門脈系と神経分泌および下垂体前葉ホルモン
（坪井實編：人体の生理学．p186，廣川書店，1982）

クによる調節を受け，標的内分泌腺や下垂体からのホルモンの増加は，視床下部の神経内分泌細胞に負のフィードバックをかけて当該放出ホルモンや刺激ホルモンの分泌を抑制する．

また，局所的なホルモンによる調節もみられる（傍分泌，自己分泌）．これはさまざまな細胞でみられる．局所ホルモンは，組織の細胞間隙を移動し，同じ細胞あるいは至近な細胞に働きかけて種々の細胞機能を発現させる．

2．標的細胞におけるホルモンの作用機序

標的細胞に達したホルモンは，そこで自己の持つ情報を巧みに伝えて機械的反応や代謝上の変化を引き起こす．その情報の受取場所が受容体である．細胞質内や核内（核内受容体）に存在する一部のホルモン受容体を除き，多くの受容体は細胞膜上に存在している（細胞膜受容体）．甲状腺ホルモンやステロイドホルモン（副腎皮質ホルモン，アンドロゲン，プロゲステロン等）のような脂溶性ホルモンは細胞膜に溶け込み細胞内で拡散後，核内受容体と結合する．一方，カテコールアミンや多くのペプチドホルモンは水溶性であり細胞膜の疎水性領域を越えて細胞内へ侵入できない．そのため水溶性ホルモンの情報は細胞膜受容体を介して細胞内へ伝達される．細胞膜受容体はイオンチャネル内臓型受容体とGタンパク質共役型受容体および細胞増殖因子型受容体の3種類に大別される．Gタンパク質とはグアノシン三リン酸（GTP）と結合して細胞情報の伝達器としての役目を果たしているタンパク質である．

3．運動時のホルモン分泌動態

運動によるホルモン分泌応答は，運動強度や運動時間に応じてさまざまに変化する（図5-4）．たとえば，種々の下垂体ホルモンやアドレナリンなどは最大酸素摂取量（$\dot{V}O_2max$）の50〜60%を超える強度の運動で増加する．しかし，心房性ナトリウム利尿ペプチド（ANP）は心拍数の増加にほぼ依存して分泌され，プロラクチンなどは40%$\dot{V}O_2max$程度の軽い運動でも増加し始める．また，運動時間が長くなると血中濃度が高くなる場合もみられる．さらに，テストステロンの分泌は，高強度の無酸素性パワーを発揮するような運動で増加するが，マラソンのような有酸素性運動ではむしろ低下することもある．このように，個々のホルモン分泌応答は運動強度や運動時間によって変化し，加えて運動の種類によっても影響を受ける．表5-2に種々のホルモン分泌応答の運動や運動トレーニングによる変化をまとめた．

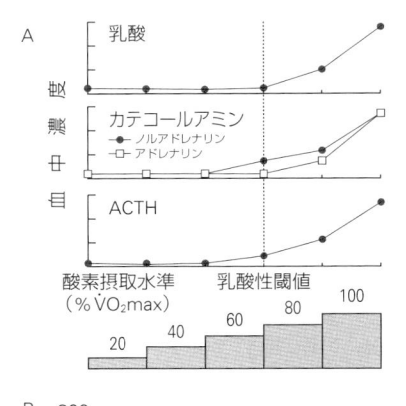

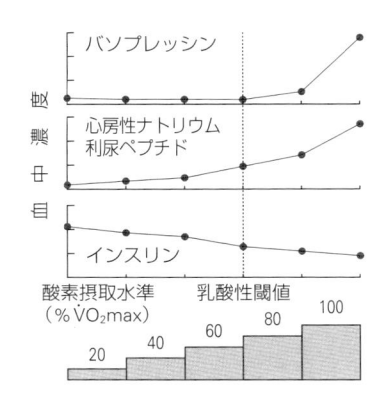

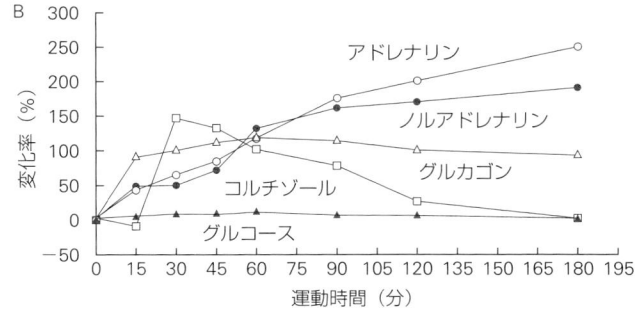

図5-4 運動時のホルモン分泌変化
Aは相対的運動強度時の変化，Bは65%最大酸素摂取量時の時間経過に伴う変化を示す．
（A：宮村実晴編：最新運動生理学．p305，真興交易医書出版部，1996より改変）
（B：Wilmore JH, et al.: Physiology and Sport and Exercise. Human Kinetics, 1994）

1）さまざまなホルモンの変化と作用

（1）ACTH

ACTHの血中濃度は，乳酸性閾値を超える運動で増加する（図5-4，表5-2）．ACTHは，主として副腎皮質からのグルココルチコイドの分泌を促進するために作用する．

ACTHの分泌はCRHの下垂体刺激によって起こる．CRHは，視床下部の神経内分泌細胞への刺激によって下垂体門脈系に放出される．このCRHの分泌も運動によって増加する．しかし，運動によるACTHの分泌は，CRH単独で支配されているのではなく，視床下部正中隆起部由来のバソプレッシン（AVP，抗利尿ホルモン：ADH）なども関与しているらしい．AVP分泌量も運動強度に依存して増加する．

運動によるACTHの分泌反応は，運動トレーニングによっていわゆる馴れが生じると低下する．すなわち，同一絶対的強度（同一の酸素摂取量）の運動では，鍛練者の方がACTHの分泌量は小さい．しかし，相対的運動強度で比較すると，運動トレーニングの影響はみられなくなるようである．

（2）副腎ホルモン

副腎は腎臓の上部にある臓器で髄質と皮質の2つに分かれている．髄質からはアドレナリンとノルアドレナリンが分泌され，皮質

表 5-2 種々のホルモン分泌の運動による変化

分泌腺	ホルモン	急性運動による変化	運動条件	持久的身体トレーニングに対する適応	運動時の役割
下垂体前葉	甲状腺刺激ホルモン（TSH）	増加	50% $\dot{V}O_2max$ 以上から増加？	不明	甲状腺ホルモン分泌促進
	副腎皮質刺激ホルモン（ACTH）	増加	60% $\dot{V}O_2max$ 以上から増加	同一酸素摂取量の最大下運動では，鍛練者の方が少ない．しかし，相対的運動強度ではトレーニングの影響はない．最大運動では鍛練者の分泌量は多くなる．	副腎皮質ホルモン分泌促進
	成長ホルモン（GH）	増加	50% $\dot{V}O_2max$ 以上から増加	安静時レベルは不変？：運動による増加は非鍛練者に比べて少ない？あるいは増加？	不明
	卵胞刺激ホルモン（FSH）	不変		不明	
	黄体形成ホルモン（LH）	不変		不明	
	黄体刺激ホルモン（プロラクチン）（LTH）	増加	40% $\dot{V}O_2max$ 以上から増加	不明	
下垂体後葉	バソプレッシン（AVP）（抗利尿ホルモン，ADH）	増加	60% $\dot{V}O_2max$ 以上から増加	安静時レベルは不変：運動による増加は非鍛練者に比べて少ない．	血漿量維持のための水分保持
甲状腺	サイロキシン（T_4, T_3）	増加？全サイロキシン濃度は不変？遊離のT_4は増加？無酸素性運動で増加	中等度，長時間運動で増加をみた報告がある．50% $\dot{V}O_2max$ で増加？無酸素性運動で増加	全サイロキシン濃度はわずかに減少？遊離のT_4は増加？	不明
上皮小体	パラソルモン	激運動で増加？		不明	不明
副腎皮質	コルチゾール	ACTHの分泌応答に類似	60% $\dot{V}O_2max$ 以上から増加	同一酸素摂取量の最大下運動では，鍛練者の方が少ない．しかし，相対的運動強度ではトレーニングの影響はない．ほとんど変化しない？減少？	肝（腎）における糖新生の増加
	アルドステロン	増加	60% $\dot{V}O_2max$ 以上から増加	不明	血漿のNa量保持
副腎髄質	アドレナリン（エピネフリン）とノルアドレナリン（ノルエピネフリン）	増加	アドレナリン：60% $\dot{V}O_2max$ 以上から増加 ノルアドレナリン：50% $\dot{V}O_2max$ 以上から増加	同一酸素摂取量の最大下運動では，鍛練者の方が少ない．しかし，相対的運動強度ではトレーニングの影響はない．最大運動では鍛練者の分泌量は多くなる．	血糖上昇 脂肪組織の脂肪分解
膵臓ランゲルハンス島（α細胞）	グルカゴン	短時間運動では不変．運動時間が長くなると増加	60% $\dot{V}O_2max$ 以上から増加	安静時レベルは不変：運動による増加は非鍛練者に比べて少ない．	血糖上昇
膵臓ランゲルハンス島（β細胞）	インスリン	減少	50% $\dot{V}O_2max$ 以上から減少	運動時の減少は鍛練者で小さい．	
精巣	テストステロン	わずかに増加 無酸素性運動で増加．マラソンのような運動では低下	無酸素性運動で増加	不変	不明
卵巣	エストラジオールとプロゲステロン	増加		同一運動負荷強度では運動による増加は非鍛練者に比べて少ない．	不明
心臓	心房性ナトリウム利尿ペプチド（ANP）	増加	心拍数の増加にほぼ比例	鍛練者では血漿濃度が高い．	不明
腎臓	レニン・アンギオテンシン	増加	50% $\dot{V}O_2max$ 以上から増加		血漿のNa量保持

（井澤鉄也ほか：内分泌（ホルモン）の働き．中野昭一編，スポーツ医科学，p117，杏林書院，1999より改変）

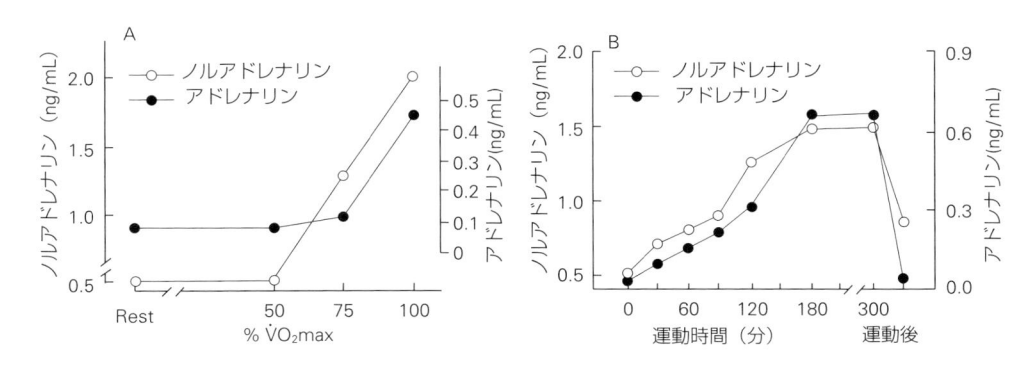

図 5-5　ノルアドレナリンおよびアドレナリンの運動時の分泌変化
A は相対的運動強度時の変化，B は 60％ 最大酸素摂取量時の時間経過に伴う変化を示す．
(Wilmore JH, et al.: Physiology and Sport and Exercise. Human Kinetics, 1994)

からは糖質コルチコイドや電解質コルチコイド，アンドロゲンなどが分泌される．

①副腎髄質ホルモン

髄質は副腎の中央部を占め，交感神経節前線維が直接中継されている．この交感神経節前線維からアセチルコリンが分泌されると，髄質のクロム親和性細胞が刺激され，細胞内の Ca^{2+} が上昇する．これが契機となってアドレナリンとノルアドレナリンの開口分泌が起こる．運動時には交感神経活動が高まることから，副腎髄質への刺激も高まり，アドレナリンやノルアドレナリンの放出も増加する．副腎髄質から分泌されるカテコールアミンのうちアドレナリンが 80％ 以上を占め，運動中に放出されるアドレナリンの由来は副腎髄質にほぼ限定される．他方，ノルアドレナリンの大部分は交感神経終末より遊離される．ノルアドレナリンはシナプス小胞内に貯蔵され神経終末が脱分極することで遊離する．

アドレナリンやノルアドレナリンの放出量も他のホルモンと同様に運動強度や時間によって変化する（**図 5-4，5**）．カテコールアミンは，運動時の骨格筋や肝臓，および脂肪組織のエネルギー代謝で重要な役割を果たすとともに，心筋や骨格筋の機械的応答，血管運動の調節などに働く．これらの生理応答は，細胞膜上のアドレナリン受容体を介して行われる．

運動によるカテコールアミンの分泌量を鍛練者と非鍛練者で比較すると，同一絶対的運動強度での分泌量は鍛練者で低下している．しかし，ACTH の場合と同様に，相対的運動強度で比較すると，トレーニングの影響はみられなくなるようである．

②副腎皮質ホルモン

皮質は 3 層構造をとり，外層を球状帯，中間層を束状帯，内層を網状帯と呼んでいる．副腎皮質から分泌されるホルモンはコレス

テロールから生合成され，ステロイド核を持っているためステロイドホルモンと呼ばれる．皮質からは電解質コルチコイドや糖質コルチコイド，アルドステロンなどが分泌される．これらのホルモンはACTHの刺激によって分泌される．したがって，運動時の血中コルチゾール濃度変化は，ACTHの分泌変化と類似し，軽度な運動では変化しないかもしくは低下するが，長時間運動や激運動では上昇して尿中排泄量も増加する．しかし，運動が長引くと血中濃度は低下するらしい（図5–4）．

コルチゾールは甲状線ホルモンと同様に他のホルモン作用に対して許容効果（他のホルモン作用に対してそのホルモン効果を修飾する作用）を示す．カテコールアミンによる脂肪分解作用やグルカゴンによる血糖上昇作用はコルチゾールの許容効果をうける．コルチゾールは，とりわけ肝グリコーゲン分解に関与しているとされている．運動によるコルチゾールの分泌応答に及ぼすトレーニングの影響に関しては一致した結論をみていない．

アルドステロンは，副腎皮質球状帯がアンギオテンシンIIに刺激されると分泌される．アンギオテンシンIIは，腎の傍糸球体からのレニン分泌の増加を契機として，アンギオテンシノーゲンが段階的に変換されて生成される．図5–6に示すように，運動負荷強度に依存したアルドステロンの分泌増加は，レニン活性の増加とほぼ同様のパターンを示す．アルドステロンは，下垂体後葉からのADHと協同して体液中の電解質平衡を維持し，運動中の神経活動や種々の器官の機能を保持するために働く．

（3）膵臓ホルモン

膵臓は胃の後部で腹膜に覆われ後腹壁に癒着した扁平な実質器官である．膵臓は膵頭，膵体，膵尾の3部に分かれている．インスリンとグルカゴンは膵臓のランゲルハンス島から分泌される．ランゲルハンス島は α，β，σ 細胞の3種の細胞を含み，α 細胞からはグルカゴンが，β 細胞からはインスリンが合成・分泌される．σ 細胞からはソマトスタチンが合成・分泌される．インスリンは，タンパク質の合成促進，糖の取り込みと利用促進，グリコーゲン合成促進と分解の抑制などの多彩な作用を持っている．グルカゴンはおもに肝グリコーゲンの分解や糖新生を促進して，運動中の血糖値の調節に重要な役割を果たす．

多くのホルモンは運動によって分泌が亢進されるが，インスリンは運動によって分泌量が逆に減少し（図5–7），血中濃度は安静時の50％近くにまで低下する．これは，Cペプチド（インスリンの前駆体であるプロインスリンがインスリンに変化されるときに当モル生成されるペプチド）もやはり減少することから，膵島 β 細胞からの分泌が低下することにより起こり，インスリンが標的組織など

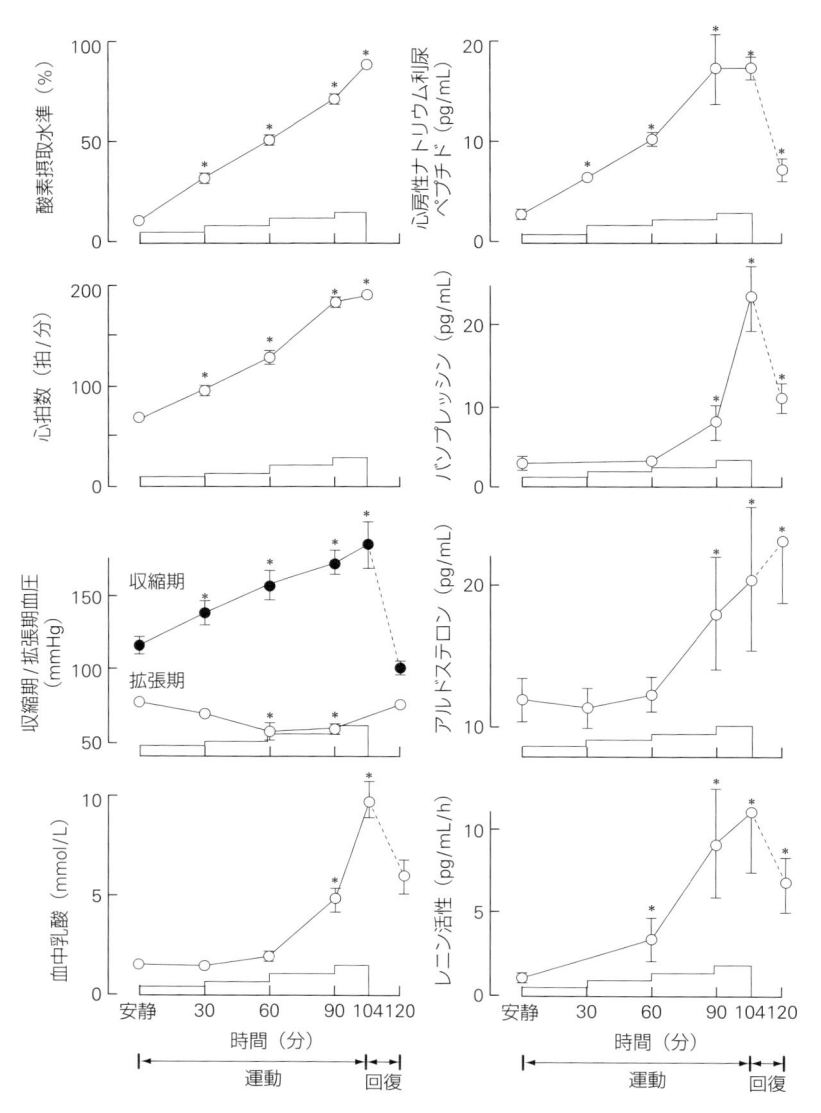

図 5-6 多段階負荷時の血漿心房性ナトリウム利尿ペプチドと各種パラメータの変化
(田中宏暁ほか：内分泌機能のスポーツ生理学．森谷敏夫ほか編，スポーツ生理学，pp60-71，朝倉書店，1994)

に取り込まれてしまうためではないとされている．また，運動による血中インスリン濃度の低下は副腎を摘出しても観察されることから，体液性のアドレナリンは関与していないようであるが，β細胞の a_2 アドレナリン受容体がノルアドレナリンによって刺激されるため，インスリンの分泌が低下するという報告がみられる．

運動トレーニングを行うと，ブドウ糖やアルギニンによるインスリン分泌の増加は，運動トレーニングによって低下する（図5-8）．

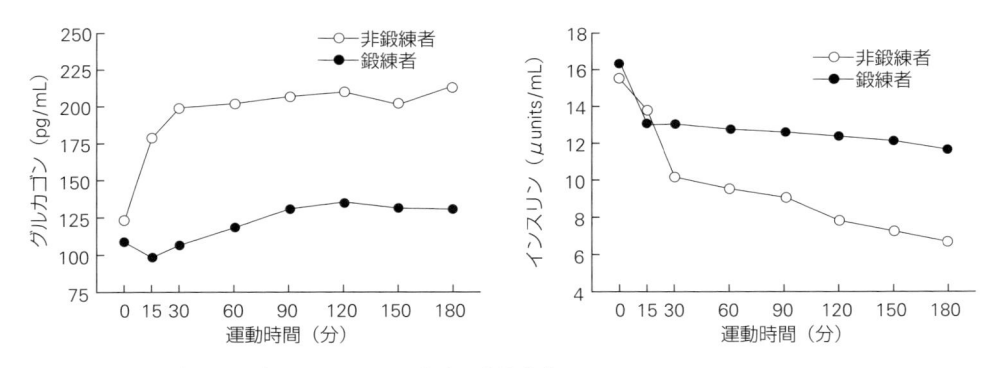

図 5-7 グルカゴンおよびインスリンの運動時の分泌変化
(Wilmore JH, et al.: Physiology and Sport and Exercise. Human Kinetics, 1994)

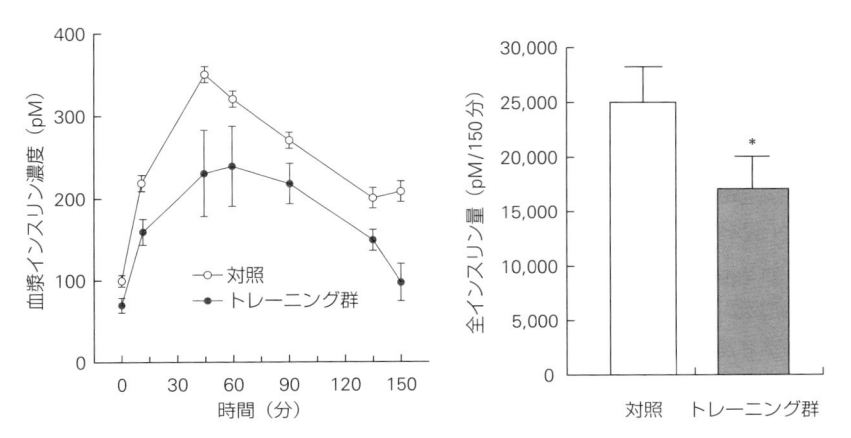

図 5-8 グルコースの経口投与（1.25g/kg 除脂肪体重）による血漿インスリン濃度の変化
(Engdahl JH, et al.: Altered pulsatile insulin secretion associated with endurance training. J Appl Physiol, 79: 1977-1985, 1995)

　グルカゴンは，インスリンとは対照的に運動により血中濃度が上昇する（**図 5-7**）．これは，カテコールアミンの α アドレナリン，β アドレナリン両作用，または血糖のわずかな変化を膵島 α 細胞が感知することによると考えられている．

（4）成長ホルモン

　発育期に成長ホルモンの基礎分泌は著しく増加する．この時期の活発な運動は成長ホルモンの分泌を促進する（**図 5-9**）．また，成人においても定期的な運動トレーニングは成長ホルモンの分泌を促すようである．一般に，運動による成長ホルモンの分泌閾値は $50\%\dot{V}O_2max$ とされているが，運動が長引くと血中濃度は逆に低下するらしい．これは，増加した成長ホルモン自身のフィードバック調節や血中のコルチゾールによって起こると推測されている．

（5）甲状腺ホルモン（T_4: サイロキシン，T_3: トリヨードサイロニン）

　T_3 と T_4 の血中濃度が運動によって増加するかどうかについて

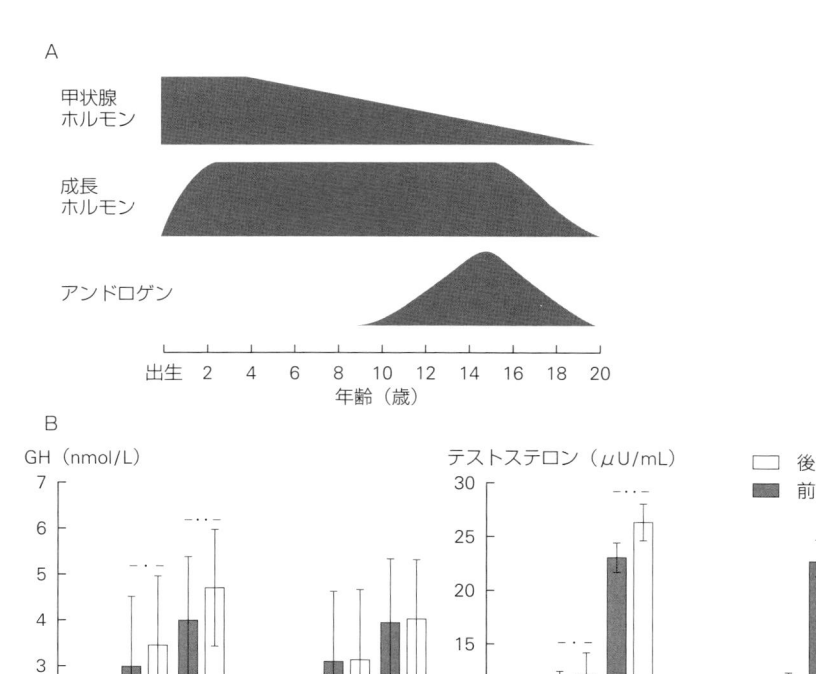

図 5-9 発育期の運動トレーニングと成長促進ホルモン
Aは発育過程における成長促進ホルモンの相対的重要性を示す．Bは年齢別にみた成長ホルモン（GH）とテストステロンの運動トレーニングによる変化．トレーニング群は学校での体育活動（ボールゲーム）や高強度（80〜85％）と低強度（30〜40％）の体操を組み合わせた運動トレーニングを行った．対照群は1週間に2〜3回の学校体育活動のみを行った．
(Zakas A, et al.: Physical training, growth hormone and teststerone levels and blood pressure in prepubertal and adolescent boys. Scand J Med Sci Sports, 4: 113, 1994)

は，必ずしも一致した見解が得られていない．しかし，甲状線刺激ホルモン（TSH）の分泌量は運動時に増加することから，T_3 や T_4 の分泌もやはり促進しているのかも知れない．一方，ウエイトリフティングや高強度のジャンプ運動などの嫌気的な運動では T_3 の分泌が増加するようである．

(6) ANP

ANPは心房から分泌され，運動によりその分泌は増加する．ANP濃度の初期変化は心拍変化と類似し（図5-6），それ以降の変化は中心静脈圧と関連していることから，心房の機械的刺激が分泌を促すと推定されている．したがって，ANPは乳酸性閾値のわずか50％の運動強度でさえ著しい増加を示すこととなる．また，ANPの血奨濃度は一流長距離ランナーで高いという報告もある．

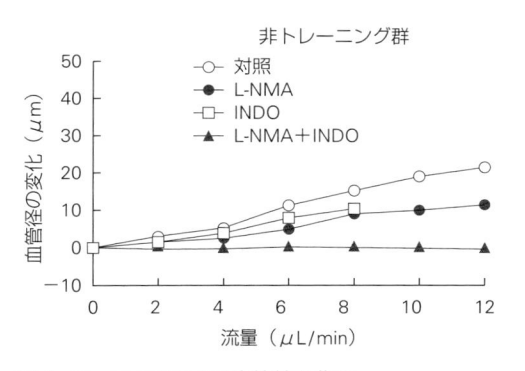

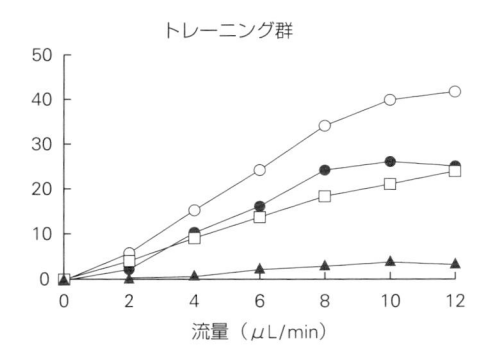

図 5-10　EDRF による血管拡張作用
骨格筋の細動脈の直径は流れ刺激によって大きくなる．この流れ刺激による直径の増加は NO 合成阻害剤（L-NMA）やプロスタグランジン阻害剤（インドメタシン，INDO）によって抑制される．また，流れ刺激による直径の増加は運動トレーニングにより強まる．
（Koller A, et al.: Exercise training augments flow-dependent dilation in rat skeletal muscle arterioles. Role of endothelial nitric oxide and prostaglandins. Circ Res, 76: 544-550, 1995）

（7）テストステロン

　テストステロンの分泌量は高強度のレジスタンストレーニングのような運動では増加するが，マラソンのような持久的運動ではむしろ低下することもある．

（8）その他のホルモンまたは液性因子

①循環系を調節する液性因子

　心血管系は，自律神経系（交感神経系，副交感神経系）や体液性因子，および自己調節系（局所性の液性因子：エンドセリンや血管内皮細胞由来弛緩因子（EDRF）など）の3者によって調節され，その調節機構はきわめて複雑である．

　交感神経系や副交感神経系による調節は神経末端から分泌されるカテコールアミンやアセチルコリンによってなされる．アセチルコリンは心拍数を減少させるように働き，ノルアドレナリンは心拍数の増加，アドレナリンは心筋収縮力を増すように働く．

　運動が始まると，全身の血液分布は大きく変動し内臓循環は著しく低下する．この低下は，ノルアドレナリンの α アドレナリン作用やアンギオテンシンⅡによる内臓血管の収縮によるとされている．しかし，運動時の栄養供給で重要な働きをする肝の血流変化は比較的小さい．他方，作業筋である骨格筋への血流量は運動によって著しく増加する．これは，安静時に緊張している血管が運動時のコリン作動性交感神経の緊張によって拡張するとともに，アドレナリンや局所的に分泌される EDRF による血管拡張効果が関与しているらしい．EDRF は，ホルモンなどの化学的刺激のみならず，機械的刺激（血流増加によるずり応力や骨格筋収縮など）によっても血管内皮細胞から放出される．その他にも，局所の血管拡張因子とし

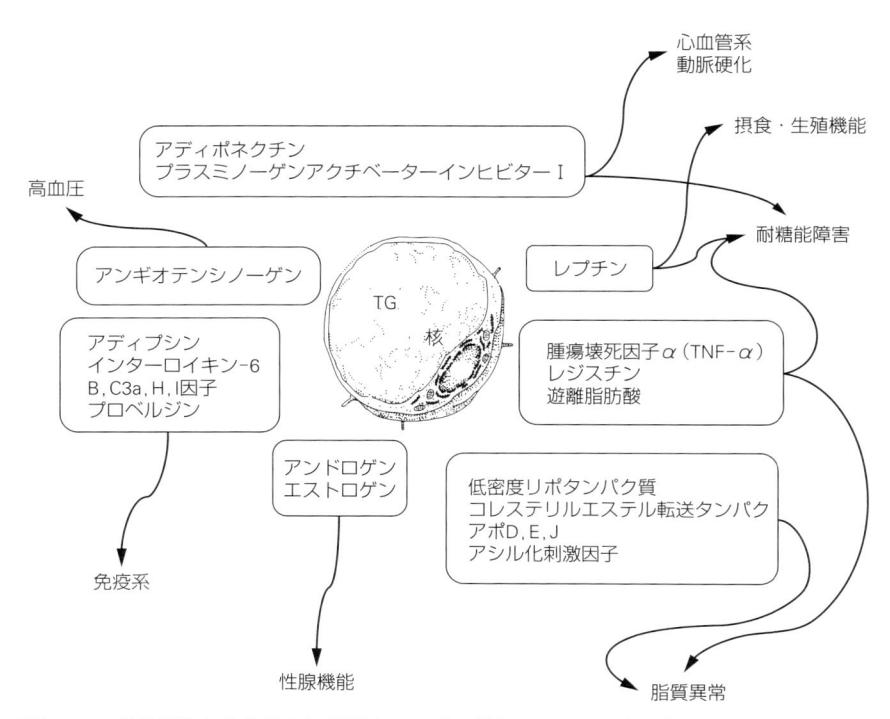

図 5-11 脂肪細胞から分泌される種々のアディポカインとその生理作用

てプロスタグランジンやアデノシンがあるが，EDRF の本体は一酸化窒素（NO）である．NO は血管平滑筋に働き，サイクリック GMP の生成を介して血管平滑筋の収縮を抑制する．また，血管平滑筋ミオシン軽鎖キナーゼも阻害する．運動によって NO の生成は著明に増加し，同時に血管の収縮反応も低下することが示唆されている．ラット骨格筋では，流れ刺激に応じた EDRF による血管拡張作用が運動トレーニングによって増強することが報告されている（図 5-10）．さらに，エンドセリンも運動中の血流分配に関与しているらしい．しかし，現在のところ不明な点が多く，今後ますます盛んになる研究領域と思われる．

②脂肪組織から分泌されるアディポカイン（アディポサイトカイン）

近年，脂肪組織からアディポカインと総称されるさまざまな生理活性物質が分泌されることが明らかになってきた（図 5-11）．アディポカインはオートクリン（自己分泌），パラクリン（傍分泌）およびエンドクリン（内分泌）因子として脂肪組織や他の臓器・器官の生理作用に影響を与え，生体のエネルギーホメオスタシス（糖・脂質代謝）の維持や肥満を基盤とした生活習慣病の発症に関与する．特に，レプチンや腫瘍壊死因子 α（TNF-α）およびアディポネクチンは生活習慣病と密接な関係にあり，運動の影響についても盛んに研究されている．

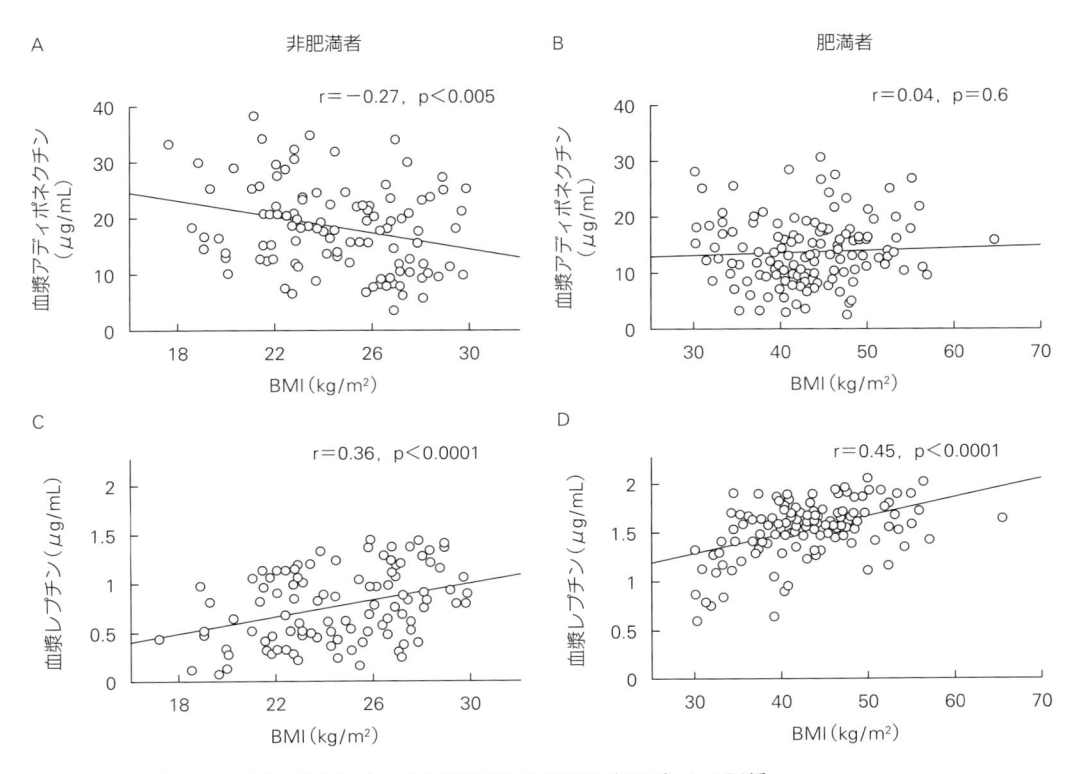

図5-12 レプチンとアディポネクチンの血漿濃度と体格指数（BMI）との関係
(Baratta R, et al.: Adiponectin relationship with lipid metabolism is independent of body fat mass: evidence from both cross-sectional and intervention studies. J Clin Endocrinol Metab, 86: 2665-2671, 2004)

a．レプチン

レプチンは視床下部に働き摂食抑制を引き起こすとともに，交感神経活動を活発にしてエネルギー消費を増加させる．血中レプチン濃度は体脂肪率やBMI（体格指数）と正の相関を示し（図5-12），肥満ではその血中濃度が高いが，レプチン抵抗性が存在するため肥満が進行する．この原因として，①レプチン結合タンパク質の異常，②脳血液関門での輸送障害，③レプチン受容体の異常，④レプチン受容体以降の情報伝達系の異常，などが想定されている．

単回の運動が血中レプチン濃度に及ぼす影響については，変化しないかむしろ減少するという報告が多い．これは，レプチン産生を抑制するカテコールアミン分泌が運動時に増加することや，レプチン産生を促すインスリンが運動中に低下することによるのであろう．しかし，運動トレーニングによって体脂肪率（量）が減少した際には，血中レプチンレベルも明らかに低下する．

b．TNF-α

血中TNF-αも体脂肪率やBMIと有意な正の相関を示す．TNF-αはインスリン受容体以降の細胞内情報伝達経路を阻害し，インス

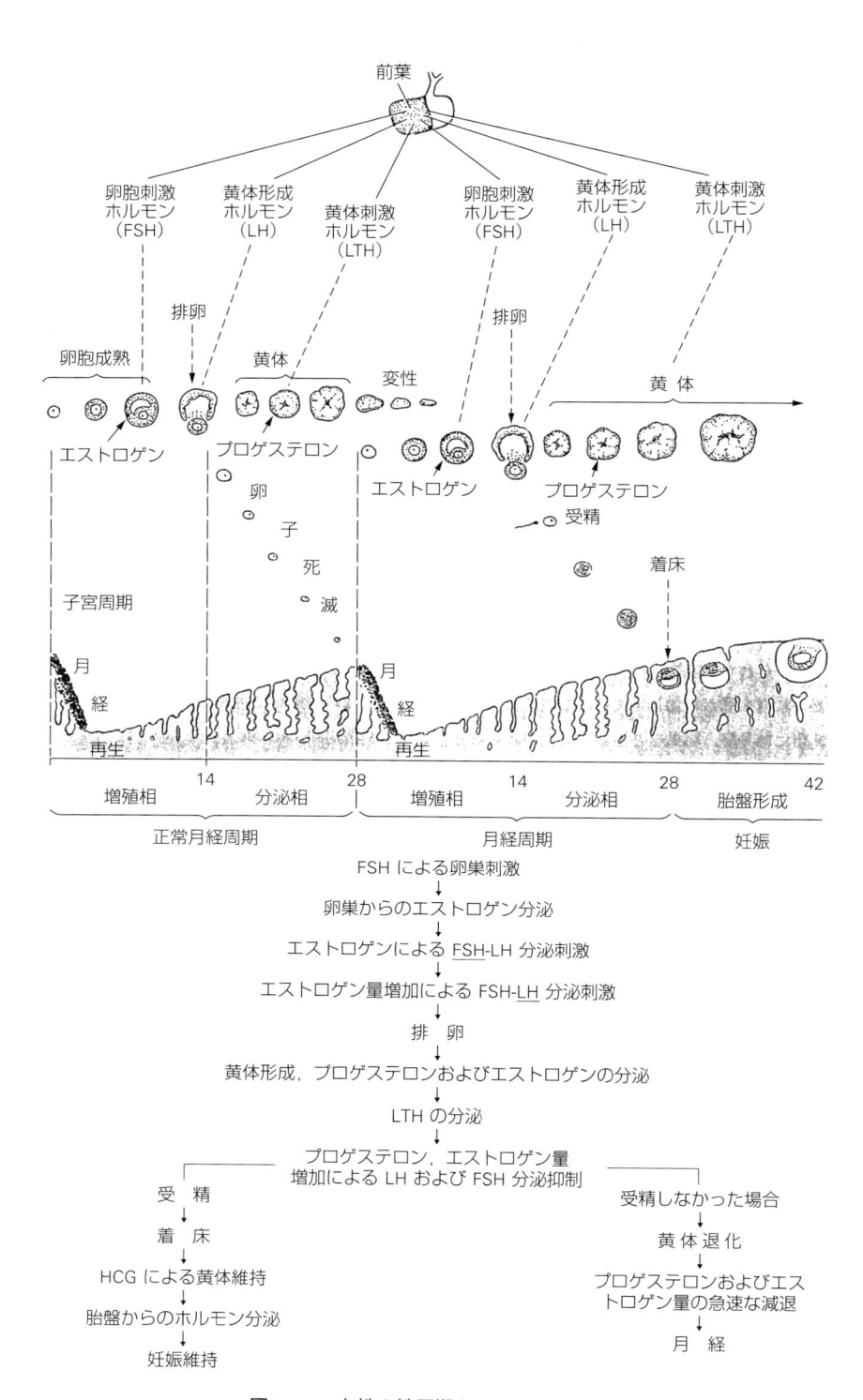

図 5-13 女性の性周期とホルモンの関係
（坪井實編：人体の生理学．pp219-220，廣川書店，1982）

リン抵抗性を引き起こす．

炎症性サイトカインの一種である TNF-α は，きわめて激しい長時間の運動ではその血漿濃度が増加するものと思われる．一方，運動トレーニングは血中の TNF-α 濃度を低下させたり，血中や脂肪細胞から分泌される可溶性 TNF-α 受容体量を低下させるという知見もあるが，必ずしも一致した結論が得られているわけではない．

c．アディポネクチン

アディポネクチンはインスリン感受性を高めて抗糖尿病作用を発揮するとともに，血管内皮細胞障害の修復作用によって抗動脈硬化作用を発揮する．このようにアディポネクチンは生活習慣病の防御因子として糖・脂質代謝と動脈壁のホメオスタシスに重要な役割を果たす．アディポネクチンの分泌は細胞の大きさと関係し，脂肪細胞が大型化するにつれて分泌量が減少する．その結果，血中アディポネクチン値は BMI や内臓脂肪蓄積量と負の相関関係を示すが，肥満者では明瞭な関係がみられなくなるようである（図 5–12）．

血中アディポネクチンの濃度に及ぼす運動や運動トレーニングの影響については一致した結論が得られていない．しかし，レプチンと同様，アディポネクチンの血中濃度は体脂肪量の変化に敏感で，BMI や体脂肪量を減少させるとアディポネクチンは増加する．

4．女性ホルモンと運動

エストロゲン（卵胞ホルモン）とプロゲステロン（黄体ホルモン）は，①子宮内膜および膣粘膜の分泌期への移行，②子宮の興奮性の低下，③オキシトシンに対する子宮筋の感受性低下による流産の防止（妊娠の持続），④乳腺の発育促進，など生殖器の発育や第二次性徴の発現，および生殖機能の正常な営みを調節する．これらのホルモンは下垂体前葉から分泌される性腺刺激ホルモン（卵胞刺激ホルモン，黄体刺激ホルモン）による分泌促進を受け，これらの性腺刺激ホルモンは視床下部からの性腺刺激ホルモン放出ホルモンによる調節を受けている．

女性は成熟し第二次性徴が現れると月経が起こる．初めて月経を迎えることを初経という．月経は一定の間隔（25～38 日）で反復する子宮出血を意味する．図 5–13 に示すように，月経周期は増殖相と分泌相に分かれ，受精が起こると受精卵は子宮に着床し胎盤が形成される（妊娠）．月経周期の異常はさまざまな要因によって起こるが，激しい運動によっても初経発来の異常や無月経がみられる．一般に初経発来は 12 歳をピークとした正規分布を示すが，初経を迎えていないころから激しい運動を繰り返していると初経発来が遅れる（図 5–14）．また，月経周期も激しい運動を繰り返すこ

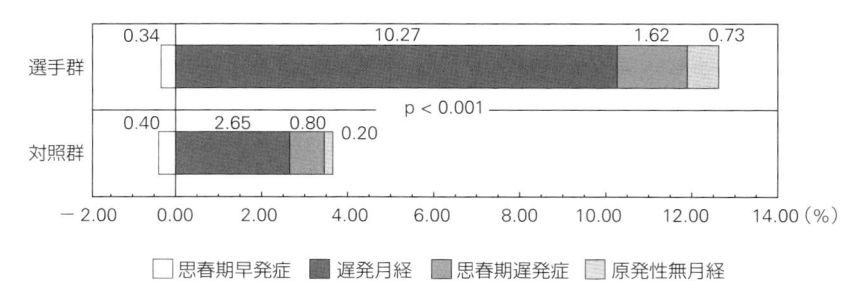

図 5-14 初経発来の異常
(目崎 登：女性と運動・スポーツ．中野昭一編，スポーツ医科学，p336，杏林書院，1999)

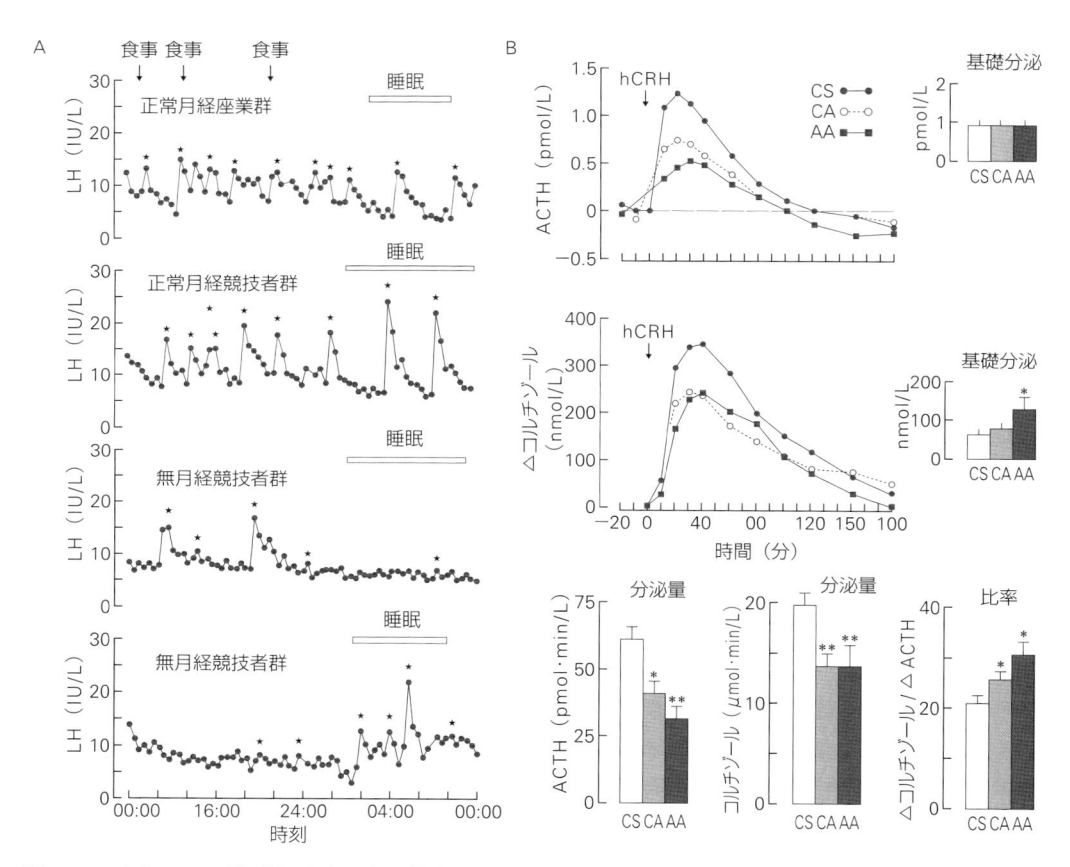

図 5-15 トレーニングに関した無月経の機序
Aは正常月経の座業群（CS）と運動群（CA）および異常月経の競技者群（AA）の黄体形成ホルモン（LH）の分泌動態．星印は LH 分泌が確認された時点を示す．Bは正常月経の座業群（CS）と運動群（CA）および異常月経の競技者群（AA）に副腎皮質刺激ホルモン放出ホルモン（CRH）を投与した時の ACTH やコルチゾール分泌変化を示す．
(Loucks AB, et al.: Alterations in the hypothalamic-pituitary-ovarian and the hypothalamic-pituitary-adrenal axes in athletic women. J Clin Endocrinol Metab, 68: 402-411, 1989)

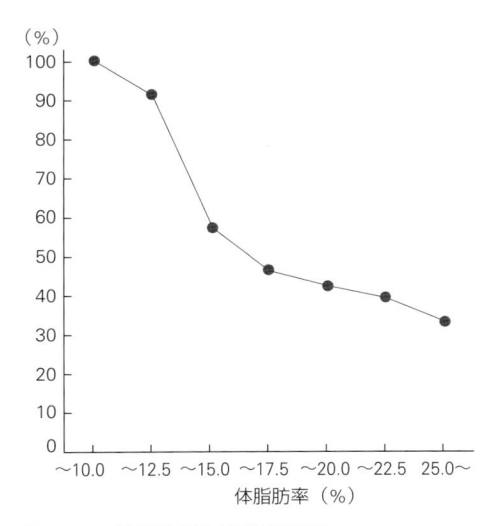

図5-16 体脂肪率と月経異常率
（目崎　登：女性と運動・スポーツ．中野昭一編，スポーツ医科学，p339，杏林書院，1999）

とで著しく遅れたり，まれに数カ月あるいは1年以上も月経がみられない場合もある．このような運動性無月経の原因として，まず考えられるのは運動に伴うホルモン分泌の変化である．表5-2に示したように，テストステロンやエストラジオール，プロゲステロンなどの性ホルモンは運動によって一過性に増加する．また，鍛錬者では安静時の卵胞刺激ホルモンや黄体ホルモンの血中濃度が低い．このように，運動やトレーニングによってホルモンが著しく変化することが運動性無月経の一因となっているのであろう（図5-15）．

特定のスポーツ種目では減量を行う必要性に迫られる．しかし，体脂肪率の低下に伴って月経異常率も増加するようで，体脂肪率が10%以下になるとほぼ間違いなく月経異常が起こるとする報告もある（図5-16）．これは，脂肪組織が性ステロイドホルモンの代謝に重要な働きをしていることと関係しているらしい．脂肪組織は男性ホルモンのアンドロゲンをエストロゲンに変換したり，卵胞ホルモンのエストラジオールをエストリオールに変換して排泄する働きを持っている．したがって，脂肪組織が激減するとアンドロゲンの濃度が高まったり，エストラジオールがエストリオールとなるかわりにカテコールエストロゲンとなってしまう．このカテコールエストロゲンは中枢に働いて排卵障害や無月経を引き起こすとされている．その他にも，激しい運動や競技に伴う精神的ストレスも運動性無月経の一因とされている．

表5-3 運動やVMH刺激による種々の代謝応答および神経ホルモン分泌反応の類似性

	VMH刺激	運動
交感神経活動	↑	↑
アドレナリン	↑	↑
コルチゾール	↑	↑
グルカゴン	↑	↑
インスリン	±または↓	↓
成長ホルモン	↑	↑
グリコーゲン分解	↑	↑
糖新生	↑	↑
血　糖	↑	↑または±
脂肪分解	↑	↑
糖取り込み	??	↑

5．運動時のホルモン分泌制御機構

　運動時に変動する種々のホルモン分泌機構に関しては不明な点が多い．しかし，分泌制御機構に神経性の情報入力があることはほぼ間違いない．事実，運動を始めると，代謝産物の濃度変化が起きる前にさまざまなホルモンが動員される．そのため，運動時のホルモン分泌の変化は，血流や体温，あるいは代謝応答の増加による2次的変化によって生じるのではなく，筋のポリモダル受容体への機械的および化学的刺激などが直接中枢に入力されて起こると考えられている．今のところ，運動時のホルモン分泌制御にかかわる中枢は明らかではないが，少なくとも視床下部内腹側核（ventromedial hypothalamic：VMH）が重要な働きをするとされている．たとえば，実験動物のVMHを電気的に刺激すると，運動時にみられる種々の代謝応答と神経ホルモン分泌反応がほぼ再現できる（**表5-3**）．また，ネコの腓腹筋を薬物で化学的に刺激したり，あるいは脊髄前根刺激によって直接収縮させても，視床下部視索上核神経分泌ニューロンがこれらの刺激に応答し興奮することも示されている．このような実験結果は，運動刺激は末梢の受容器からVMH―交感神経系に直接入力されて生体の適応を促進するということを示唆している．そして，運動時に分泌されるホルモンのうち，カテコールアミン，成長ホルモン，インスリンなどは中枢性の支配を受け，ACTHやβエンドルフィンは作業筋からの求心性インパルスによる末梢性の支配を受けているとされている．運動時のホルモン分泌は，フィードバック調節を受けているだけではなく，呼吸循環系と同様に神経性のフィードフォワード機構によっても調節されているのかも知れない（**図5-17**）．

図 5-17　運動時のホルモン分泌制御機構
（井澤鉄也ほか：内分泌（ホルモン）の働き．中野昭一編，スポーツ医科学，p132，杏林書院，1999）

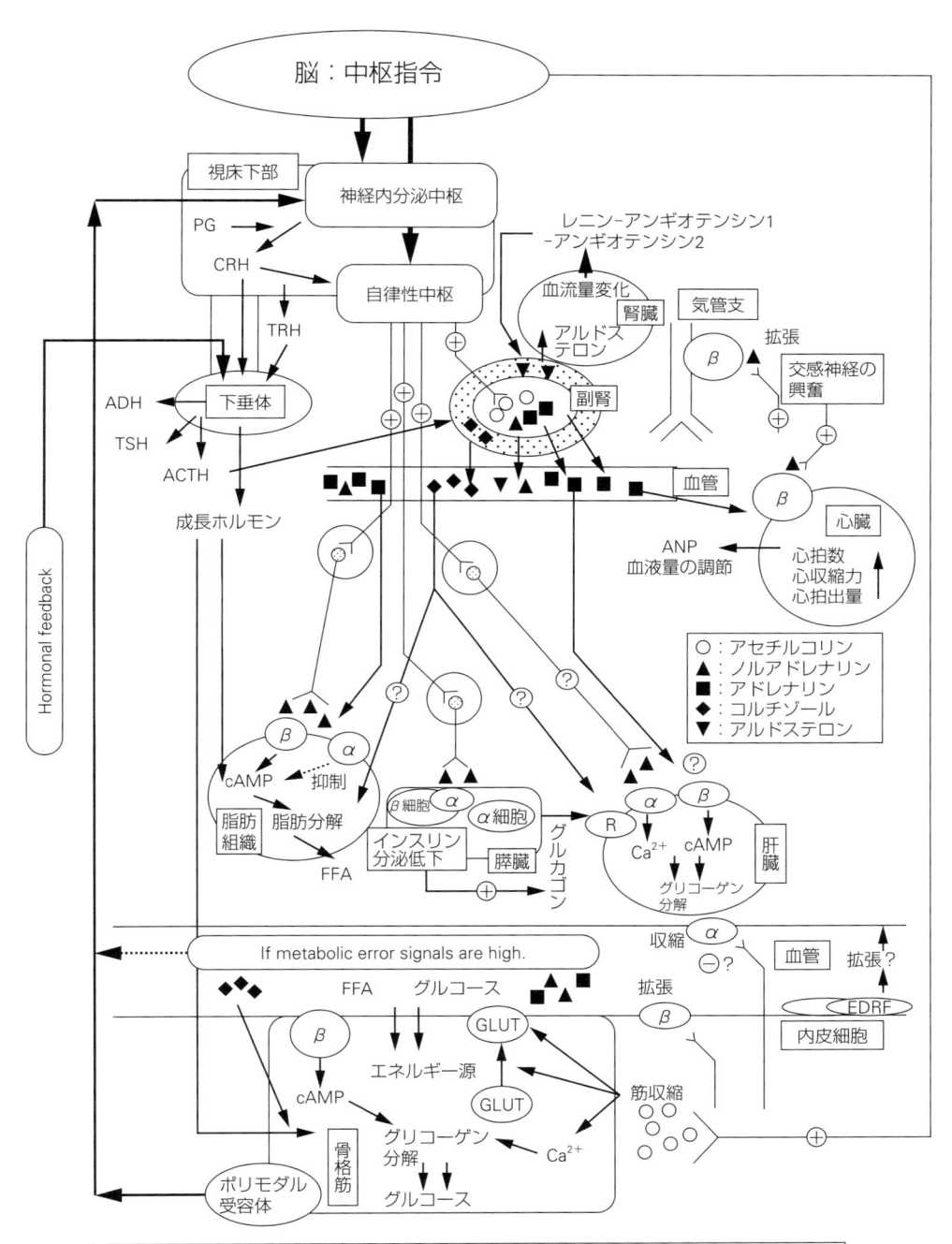

ADH：抗利尿ホルモン（バソプレッシン），ACTH：副腎皮質刺激ホルモン，ANP：心房性ナトリウム利尿ペプチド，CRH：ACTH放出ホルモン，TSH：甲状腺刺激ホルモン，TRH：TSH放出ホルモン，cAMP：サイクリックAMP，GLUT：グルコース輸送担体，α：αアドレナリン受容体，β：βアドレナリン受容体，R：グルカゴン受容体，PG：プロスタグランジン，EDRF：内皮細胞由来弛緩因子

参考文献

1) Galbo H: Exercise physiology: Humoral function. Sport Sci Rev, 1: 65-93, 1992.
2) 井澤鉄也：ホルモン系と運動．芳賀脩光ほか編，トレーニング生理学，pp253-261，杏林書院，2003．
3) 井澤鉄也編：運動とホルモン．ナップ，2001．
4) 井澤鉄也ほか：内分泌（ホルモン）の働き．中野昭一編，スポーツ医科学，杏林書院，pp115-136，1999．
5) 井澤鉄也ほか：運動時の体液因子としての内分泌機能動態．骨・関節・靱帯，9：299-308，1996．
6) 征矢英昭ほか：ホルモン調節．宮村実晴編，新運動生理学（下巻），pp341-406，真興交易医書出版部，2001．
7) 征矢英昭ほか：運動とホルモン．宮村実晴編，最新運動生理学，pp297-333，真興交易医書出版部，1996．
8) Wilmore JH, et al.: Physiology and Sport and Exercise. Human Kinetics, 1994.
9) 田中宏暁ほか：内分泌機能のスポーツ生理学．森谷敏夫ほか編，スポーツ生理学，pp60-71，朝倉書店，1994．

第6章 疲労

　苦悶の表情を浮かべたランナーがゴールテープを切ったとたん，崩れ落ちるようにして倒れこむ場面はしばしば目にする光景である．その表情はまさに「疲労困憊」という言葉が適切に当てはまる．このときのランナーはエネルギーを使い果たし，生体のエネルギーホメオスタシスは大きく乱れた状態にある．

　疲労を一言で定義することは難しいが，猪飼（1973）によれば，「疲労とは，作業あるいは運動をしていくことによって，身体各部の器官や組織のエネルギーの消耗あるいは調整の低下によって機能の減退が起こり，これが全体として作業や運動の成果（performance）を低下させるようになったときの状態」とされている．さらに広義にとらえると，「生体に及ぼす環境，生活および作業条件によって，生体の恒常性維持の機能水準が変化した状態」（横堀，1962）となる．しかし，運動・スポーツ生理学では，「一定の，あるいは期待されるパワーの出力が維持できなくなる状態」あるいは単に「運動に必要な力が発揮できなくなる状態」とすることで十分であろう．この運動性疲労が起こる原因を生理・生化学的な側面に求めると，①筋中のクレアチンリン酸の枯渇，②筋中の水素イオンの蓄積，③筋中のグリコーゲンの消耗，④低血糖症，⑤血中アミノ酸濃度の変化，の5つの要因が考えられており，これらが複雑に絡み合って筋疲労が起こる．図6–1は，骨格筋における燃料の動員・利用と関連させた疲労のしくみを要約したものである．

1．疲労が起こるしくみ

1）筋中のクレアチンリン酸の枯渇

　骨格筋収縮の唯一の燃料であるATPが完全に枯渇することはない．しかし，安静時の筋に貯蔵されているATPだけではおよそ2秒間の筋収縮しか持続できない．そのため，筋細胞内では，ATPが分解される結果生じるADPとAMPからATPを再合成する必要が生じ，クレアチンリン酸の持つ無機リン（Pi）をクレアチンキナーゼによってADPに結合させる（ローマン反応）．しかし，こ

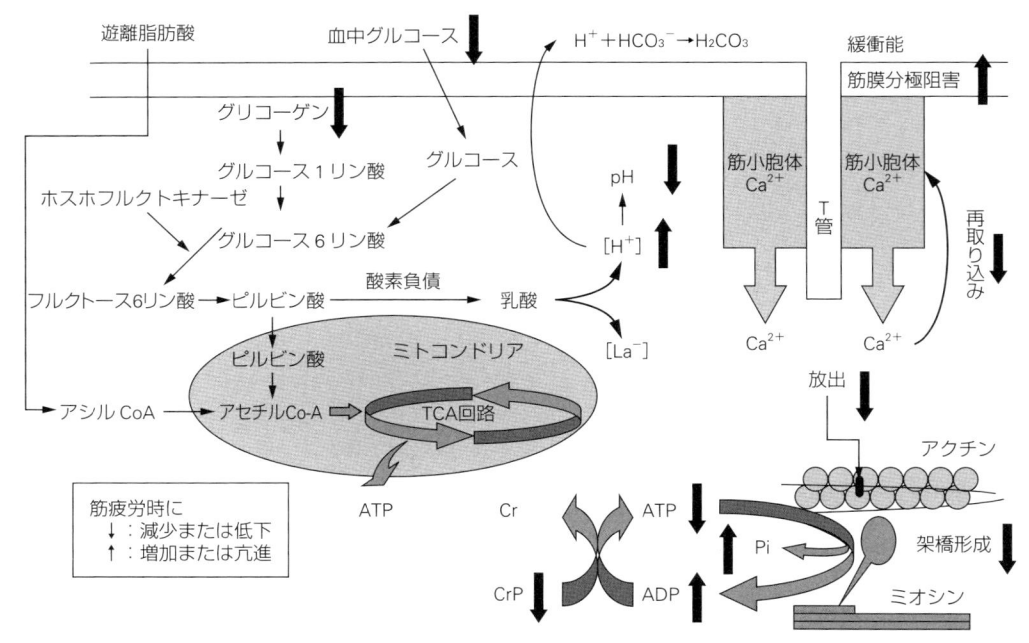

図6-1 筋の代謝と疲労因子の概観

のクレアチンリン酸も20秒程度の激運動でほぼ枯渇してしまう（図6-2）．したがって，短時間の嫌気的な激運動では，ATPの再合成速度が激減するとともにPiやADPが蓄積することとなる．ADPやPiはアクチン—ミオシンの架橋形成の遅延や架橋不全をもたらし，一連の興奮—収縮連関を直接阻害するため筋の収縮効率が著しく低下する．運動によって失われたクレアチンリン酸は運動終了後の有酸素的代謝によって合成されて回復する．

ATPの減少が続いたり，乳酸生成による運動誘発性アシドーシス（pHの低下，次項参照）が起こると，AMPディアミナーゼが活性化される．その結果，AMPが分解されイノシン酸（IMP）やアンモニア（NH_3）の生成が高まる．アンモニアは筋膜の機能（電気興奮度）を低下させるとともに，ミトコンドリアの酸化的リン酸化過程を抑制する．また，アンモニアは解糖の律速酵素であるホスホフルクトキナーゼを活性化して解糖を促進させるため，乳酸の蓄積やグリコーゲンの枯渇も助長される．さらに，アンモニアの蓄積は脳内の重要な神経伝達物質の濃度に変化を与え，中枢性疲労を引き起こすことも示唆されている．

2）筋中の水素イオンの蓄積

乳酸が筋に蓄積すると筋収縮は著しく阻害される．しかし，乳酸そのものが疲労物質ではない．乳酸は，生成されるとただちに乳酸

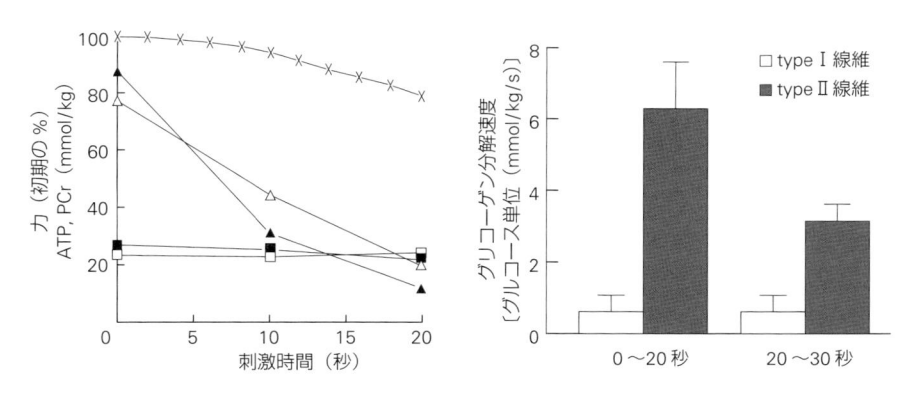

図 6-2 電気的刺激による筋収縮中の力（×）や筋中クレアチンリン酸量（△，▲）と ATP 濃度（□，■）（左図）
右図はそのときのグリコーゲン分解速度を示す．
（Maughan R, et al., eds（谷口正子ほか監訳）：スポーツとトレーニングの生化学．p152，メディカル・サイエンス・インターナショナル，1999）

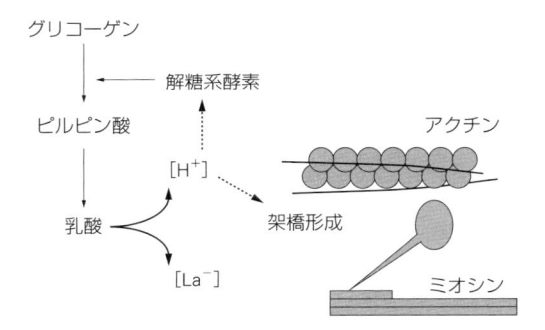

図 6-3 水素イオンによる筋収縮の阻害

塩イオン（La^-）と水素イオン（H^+）に解離する．このとき生じる H^+ が筋の収縮機構を阻害する．つまり，H^+ の蓄積による pH の低下（運動誘発性アシドーシス）が筋疲労の原因の1つとされている．安静時の筋の正常 pH はおよそ 7.0 であるが，その pH が 6.5 くらいにまで低下すると，筋収縮が維持できなくなる．これは，H^+ が筋小胞体からのカルシウムイオンの放出やトロポニンへの結合を低下させることや，アクトミオシン ATPase 活性を抑制するために起こると考えられている（**図 6-3**）．また，H^+ は他の塩基と結合して酸をつくるが，その表面に多くの塩基グループを持つタンパク質と結合すると，そのタンパク質の機能を損なわせてしまう．このような現象が，筋のエネルギー代謝にかかわる酵素タンパクや，架橋形成にかかわる筋原線維の分子で起こると，筋の代謝や収縮が維持できなくなる．

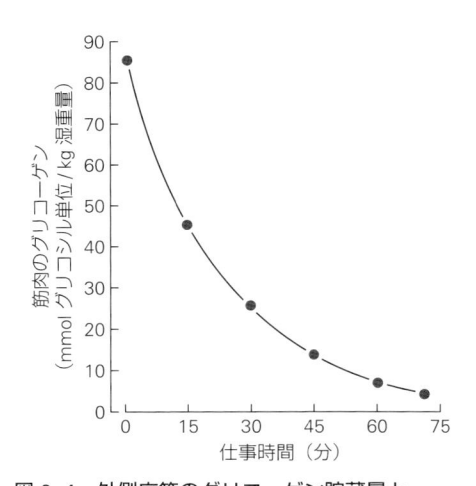

図 6-4　外側広筋のグリコーゲン貯蔵量と 80%V̇O₂max の自転車運動時間の関係
(Maughan R, et al., eds (谷口正子ほか監訳): スポーツとトレーニングの生化学. p169, メディカル・サイエンス・インターナショナル, 1999)

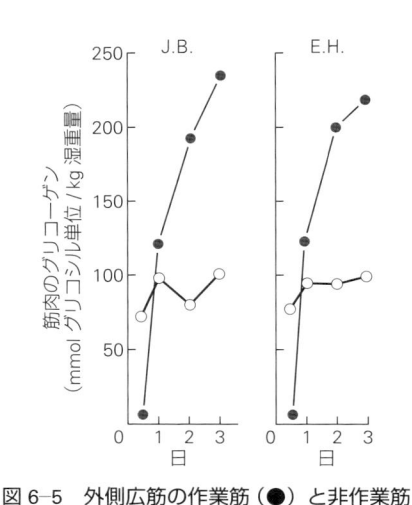

図 6-5　外側広筋の作業筋（●）と非作業筋（○）のグリコーゲン貯蔵量
(Maughan R, et al., eds (谷口正子ほか監訳): スポーツとトレーニングの生化学. p170, メディカル・サイエンス・インターナショナル, 1999)

3）筋中のグリコーゲンの消耗

長時間運動では筋肉の貯蔵グリコーゲンの著しい消耗や枯渇が疲労の原因となる．図 6-4 に示すように，80%V̇O₂max の自転車運動で疲労困憊に至った時点には筋の貯蔵グリコーゲンもほぼ枯渇している．このようなグリコーゲン枯渇を引き起こした運動後には筋のグリコーゲン貯蔵が運動前の水準をはるかに越えて増加する（過度代償作用）（図 6-5）．

4）低血糖症

きわめて長時間の運動，たとえばマラソンやトライアスロンなどでは血糖の低下が疲労の原因となる．このような運動で疲労困憊にまで至ると，筋はもちろん肝臓の貯蔵グリコーゲンもほぼ完全に消耗している．糖質が枯渇してしまうと ADP の ATP への再リン酸化が滞り，ADP や Pi が蓄積し，その結果，筋の興奮―収縮連関が阻害されてしまうことは前述したとおりである．また，特に長時間運動の場合，糖質が枯渇すると TCA 回路の中間産物が減少するため TCA 回路の代謝速度が低下し，酸化的リン酸化による ATP 再合成も減少してしまう．

血糖の低下がもたらす疲労でさらに問題となるのは，中枢（脳）へのエネルギー供給が減少することである．中枢性の疲労が起こると，脳からの出力が低下し運動を継続することが困難になってくる．この運動性の中枢疲労には，次項で述べるアミノ酸の代謝変化も関係している．

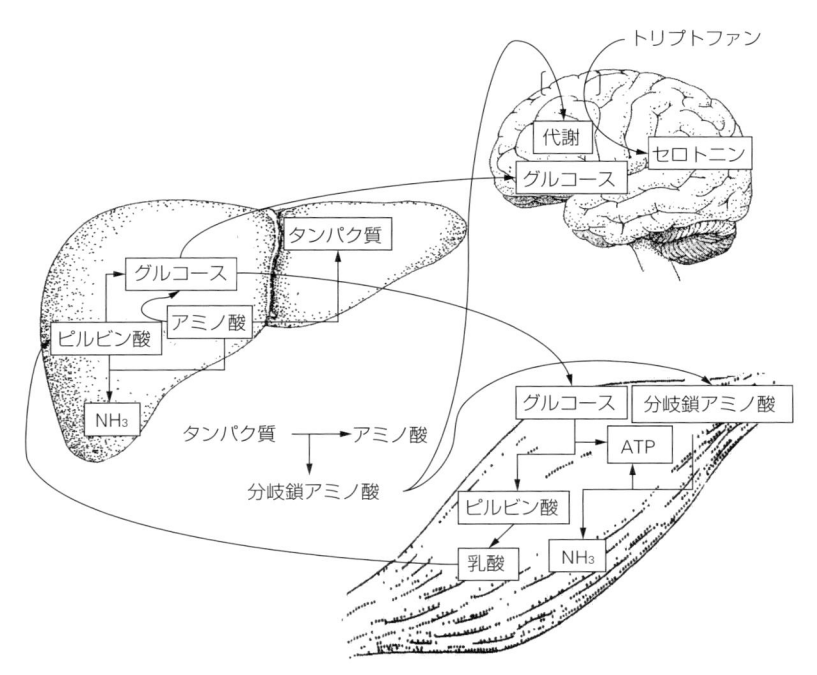

図 6-6 肝臓や脳および骨格筋における分岐鎖アミノ酸の代謝
骨格筋で分岐鎖アミノ酸が消費されると脳内トリプトファンが増加し，その結果セロトニン濃度も高まってしまう．

5）血中アミノ酸濃度の変化

　数種のアミノ酸は脳内神経伝達物質の材料となり，グリシンやグルタミン酸，タウリン，アスパラギン酸などはそれら自身が神経伝達物質として働く．たとえば，アドレナリンやノルアドレナリンはチロシンから合成され，アセチルコリンもアミノ酸から合成される．さらに，トリプトファンからはセロトニン（5-ヒドロキシトリプタミンまたは5-HT）が生成される．このセロトニンの脳内濃度が高まると，疲労感も高まるとされている．そのため，セロトニンと運動性の中枢疲労との関連が示唆されている（図6-6）．

　長時間の運動では血漿遊離脂肪酸の濃度が高まる．遊離脂肪酸は血液中でアルブミンと結合するため，血漿の遊離脂肪酸が増加するとアルブミンの結合部位からトリプトファンを置換して遊離のトリプトファンが増加するであろう．加えて，作業筋で分岐鎖アミノ酸（BCAA）が燃料として盛んに利用されると，BCAAの血中濃度は低下する．BCAAとトリプトファンは競合して脳内に入るため，BCAAが低下すると脳のトリプトファンの取り込みが増加してしまう．その結果，セロトニンの合成と放出が促進されて疲労感も高まると考えられている．

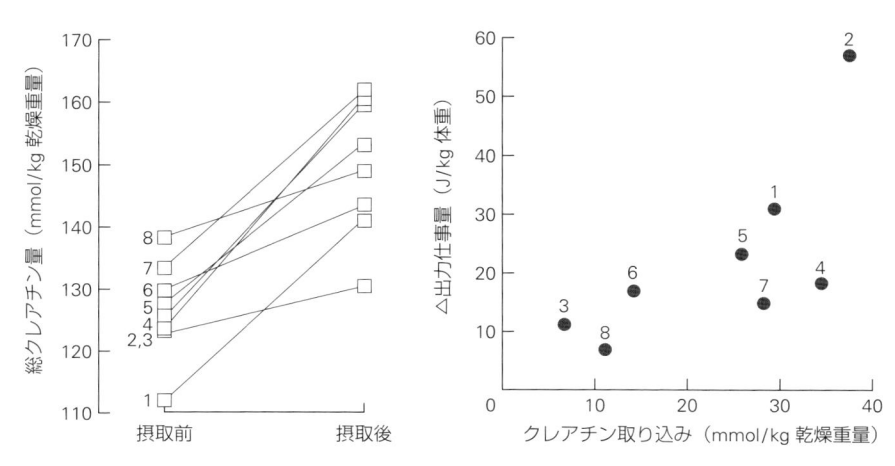

図 6-7 クレアチンサプリメントの影響
左図は，被験者 1〜8 にクレアチンを 5 日間（1 日に 1 回 5g を 4 回）摂取させたときのクレアチン量を示す．右図は，その後にみられた自転車運動の仕事量の増加を示す．
(Maughan R, et al., eds（谷口正子ほか監訳）：スポーツとトレーニングの生化学．p159，メディカル・サイエンス・インターナショナル，1999)

2．疲労の予防

スポーツ選手にとって競技中の疲労の発生を遅らせたり，運動性疲労をよりすばやく回復させることが重要なことはいうまでもない．今のところ絶対的かつ確実な特効薬が存在しているわけではないが，少なくともこれまでに述べてきた 5 つの原因を除去することに努力を払えばよいということは間違いない．これが運動生理学においても「しくみ」を明らかにすることの重要性なのである．

1）クレアチンの補充（サプリメント）の効果

クレアチンサプリメントは筋の総クレアチン量を増すためには有効な方法である．図 6-7 に示すように，100g のクレアチン摂取を 1 日に 5g×4 回，5 日間行うと総クレアチンが有意に増加する．クレアチンの取り込み量には個人差が大きいが，クレアチンの取り込み量と自転車運動のパフォーマンスには正の相関がみられる．このようにクレアチンサプリメントは，結果的に嫌気的な ATP 再合成速度を増すように働いてパフォーマンスの向上に役立つものと思われる．

2）H^+ の蓄積を防ぐ

H^+ の蓄積（pH の低下）を防ぐことも筋疲労発生の予防に効果的である．このとき重要なのは筋の緩衝能力である．これは，図 6-1 に示したように筋中で発生した H^+ が毛細血管の血流で重炭酸イオ

ンと結合し，炭酸となってH^+を最終的にはH_2OとCO_2に吸収する反応である．その結果，血漿のCO_2（PCO_2）が増加する．このPCO_2の増加は代償性の喚起亢進を引き起こす．そのため，運動時の代謝と歩調を合わせるように喚起が亢進し，乳酸性閾値を超える時点，すなわち乳酸の生成が高まりLa^-とH^+の蓄積が増し始めると急激な喚起亢進（かんきこうしん）が起こるのである．いずれにしても筋の緩衝能力を高めると，H^+やLa^-の蓄積は軽減できる．実際に，アルカリローディングと称して運動前に重炭酸ナトリウムなどを摂取する方法が試みられている．また，筋の緩衝能力はトレーニングによって向上し，スプリント走者は長距離走者よりもその能力は高い．

3）筋グリコーゲン量を増す

　長時間運動の場合には，運動前の筋グリコーゲン量が多いほど運動遂行時間も長くなるであろう．そこで，高糖質食の摂取やグリコーゲンの超補充作用を利用して筋のグリコーゲン貯蔵を増す試みが行われる．すなわち，比較的激しい運動を行ったり，低糖質食の摂取をしばらく続けて，一度筋のグリコーゲンを消耗させ，その後高糖質食を摂取すると筋のグリコーゲン貯蔵が著しく増加するのである．これがいわゆるグリコーゲンローディングである．

4）低血糖を避ける

　競技中の低血糖症を避けるためには，肝臓の糖質代謝に破綻をきたさないようにすることが大切である．そのためには，運動直前，あるいは運動中に糖質を摂取すればよい．運動中に糖質を摂取すると，運動中の糖質酸化速度も増加すると同時に肝臓のグリコーゲンも節約することができる．しかし，過剰な糖質摂取は禁物である．過剰な糖質を摂取すると，血糖の上昇によってインスリン分泌の上昇を招くため，結果的に血糖濃度の減少ともう1つのエネルギー源である脂肪酸放出の抑制を生み出してしまう（インスリンリバウンド）．したがって，運動前や運動中の糖質摂取は有効ではあるが，少量にとどめておくべきである．

5）アミノ酸サプリメント

　前述したように，筋でBCAAが燃料として利用されるようなことが起こると，脳内のセロトニン濃度が高まることもあり得る．このようなときに起こる中枢性の疲労を防ぐ意味で，運動中にBCAAの補充が有効かもしれない．

　最後に，筋疲労因子の相互関係を図6-8にまとめた．疲労は確かに運動パフォーマンスを低下させることは疑いようのない事実である．しかし，疲労は生体が破綻をきたし障害が起こることを防ぐ

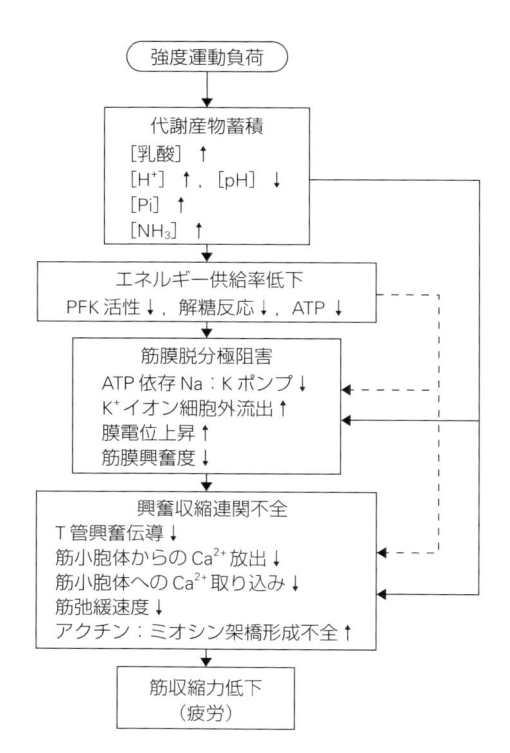

```
┌─────────────┐
│  強度運動負荷  │
└──────┬──────┘
       ↓
┌─────────────┐
│  代謝産物蓄積  │
│  [乳酸] ↑    │
│  [H⁺] ↑, [pH] ↓ │
│  [Pi] ↑     │
│  [NH₃] ↑    │
└──────┬──────┘
       ↓
┌─────────────────┐
│  エネルギー供給率低下 │
│  PFK活性↓, 解糖反応↓, ATP↓ │
└──────┬──────────┘
       ↓
┌─────────────────┐
│   筋膜脱分極阻害    │
│  ATP依存Na：Kポンプ↓ │
│  K⁺イオン細胞外流出↑ │
│  膜電位上昇↑      │
│  筋膜興奮度↓      │
└──────┬──────────┘
       ↓
┌─────────────────┐
│   興奮収縮連関不全   │
│  T管興奮伝導↓      │
│  筋小胞体からのCa²⁺放出↓ │
│  筋小胞体へのCa²⁺取り込み↓ │
│  筋弛緩速度↓       │
│  アクチン：ミオシン架橋形成不全↑ │
└──────┬──────────┘
       ↓
┌─────────────┐
│   筋収縮力低下  │
│    （疲労）    │
└─────────────┘
```

図6-8 筋疲労因子の相互関係
（森谷敏夫：筋疲労．宮村実晴編，最新運動生理学，p48，真興交易医書出版部，1996）

ための防御反応でもある．

参考文献

1) 猪飼道夫：体力と疲労．猪飼道夫編著，身体運動の生理学，pp334-354，杏林書院，1973．
2) Maughan R, et al., eds（谷口正子ほか監訳）：スポーツとトレーニングの生化学．メディカル・サイエンス・インターナショナル，1999．
3) 宮村実晴編：最新運動生理学．真興交易医書出版部，1996．
4) 中野昭一編：スポーツ医科学．杏林書院，1999．
5) Newsholme E, et al., eds（佐藤祐造監訳）：ランニングの基礎と実践．文光堂，1996．
6) 横堀 栄：スポーツと疲労．体育の科学，12：130-134，1962

第7章 環境の影響

　真夏の甲子園，気温が30℃を超える中，高校球児が連日，まさに熱戦を繰り広げる．おそらくグラウンド内では太陽や地面からの輻射熱で40℃は優に超えているに違いない．このような劣悪な環境下で，人はどのような体温調節を行ってスポーツ活動を維持することができるのであろうか．人が運動を行うと，当然筋収縮が起こる．筋の収縮活動は熱を発生させ，それに伴い体温も上昇する．ちなみに寒冷下で「ふるえ」がくるのは，筋を小刻みに収縮させることによって熱を発生させ体温の低下を防ぐためである．話を運動に戻すと，人が運動を行うときに消費するエネルギーで，機械的仕事に変換されるのは全消費エネルギーの20～30%であり，残りはすべて熱に変換されてしまう．仮に，100Wの仕事を1時間行ったときの運動効率を25%とすると，体温は12℃も上昇してしまう計算となる．環境温度が高ければ体温の上昇はさらに大きくなるであろう．しかし，実際には体温の上昇はせいぜい1℃に留まる．計算上の11℃の低下は生体が強力な熱放散機構を持っているために起こる．また，この熱放散機構は運動トレーニングによって増強する．そのため，真夏の炎天下でも，生体にとって過大な負担はかかるもののスポーツ活動ができるのである．

1．体温調節のしくみ

1）体の熱発生器官

　体の熱はおもに骨格筋，肝臓，心臓および腎臓などの器官で発生する．なかでも骨格筋の占める割合は大きく，安静時の発熱量のおよそ70%が骨格筋に由来する．肝臓の発熱量も大きいが，これは自律神経やホルモンによって代謝が亢進するために起こる．たとえば，アドレナリンは肝臓代謝を高めて発熱量を増す．

2）体温調節中枢

　体温は熱産生量と熱放散量のバランスによって決まり（図7-1），この調節は視床下部にある体温調節中枢によって行われる（自律性

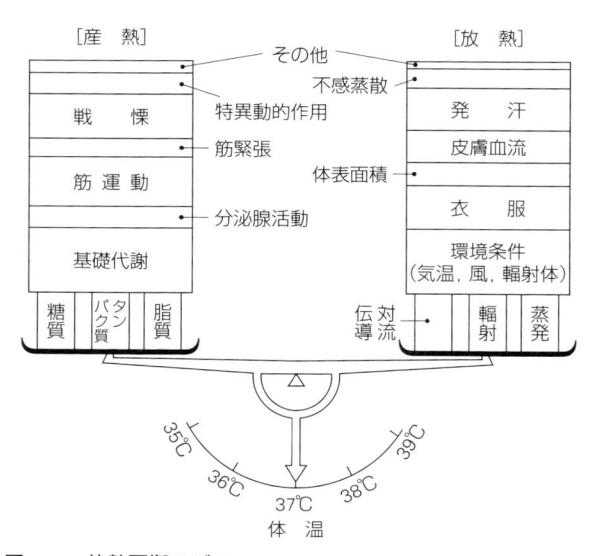

図 7-1　体熱平衡のバランス
(吉村寿人ほか：体温調節とその障害．吉村寿人編，新医科生理学中巻，p315，南江堂，1968)

体温調節）(**図 7-2**)．体温調節中枢は熱産生と熱放散にかかわった生体反応を引き起こして体温の恒常性を保つ．熱産生中枢が刺激されると，ふるえが起こり（ふるえ産熱），また皮膚血管が収縮して皮膚からの熱放散を減少させる．さらに，アドレナリンや甲状腺ホルモンの分泌が増し代謝が亢進する．熱放散中枢に刺激が伝わると，皮膚血管が拡張し熱放散が増加する．また筋緊張が低下するとともに発汗が起こる．この体温調節中枢にはセットポイントがあると考えられており，**図 7-3** に示すように，体温調節中枢のセットポイントが高くなると熱産生が高くなり体温が上昇する．セットポイントが低下すると，熱放散が促進されることになる．

　このような自律性の体温調節反応に加えて，行動性の体温調節反応も起こる(**図 7-2**)．これは人や動物が寒冷や暑熱に曝されたとき，熱の放散を防いだり，促進するためにとるさまざまな行動を意味している．たとえば，衣服の着脱，熱い食物や冷たい食物の摂取，などである．この行動性調節の中には身体運動も含まれている．寒いときには身体を動かして熱産生を高めようとすることは誰しも経験することである．逆に，暑いときには身体を動かしたくないものである．しかし，競技者にとっては暑熱時であっても運動をする必要がしばしば起こり，このようなときには身体は運動によって産生される熱を放散しなければならない．

3）体温の放散

　体熱の放散は，輻射，伝導，対流，蒸発などの物理現象によって

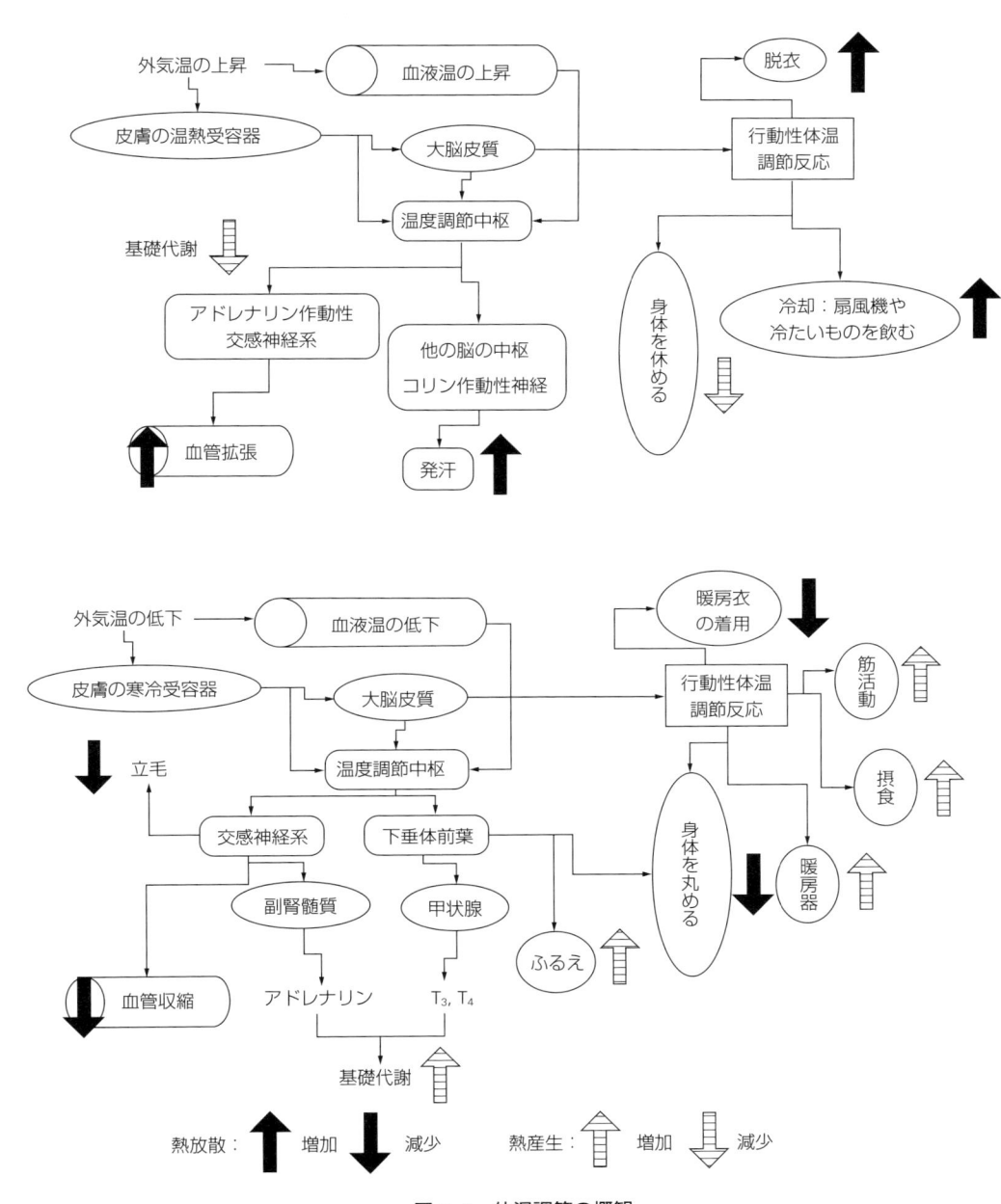

図 7-2　体温調節の概観

　行われる（**図 7-4**）．つまり，外界との境界面で行われ，皮膚，呼吸器，排泄器，消化器などで行われることとなる．
　皮膚では毛細血管や動静脈吻合の血流量を変化させて熱放散量が調節されている（**図 7-5**）．深部体温や皮膚温の変化などの温熱性要因が体温調節中枢に入力されると皮膚血流量が変化する．また，温熱以外の要因が中枢に入力されても皮膚血流量に変化が起こる．

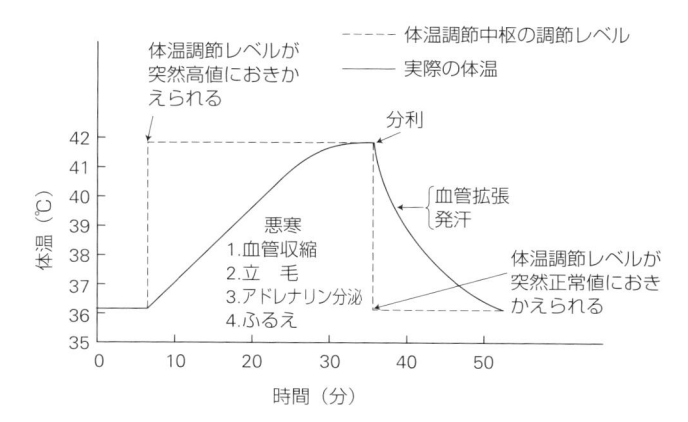

図7-3 体温調節中枢の調節レベルの切り替えと体温曲線
(坪井實編:人体の生理学. p307, 廣川書店, 1982)

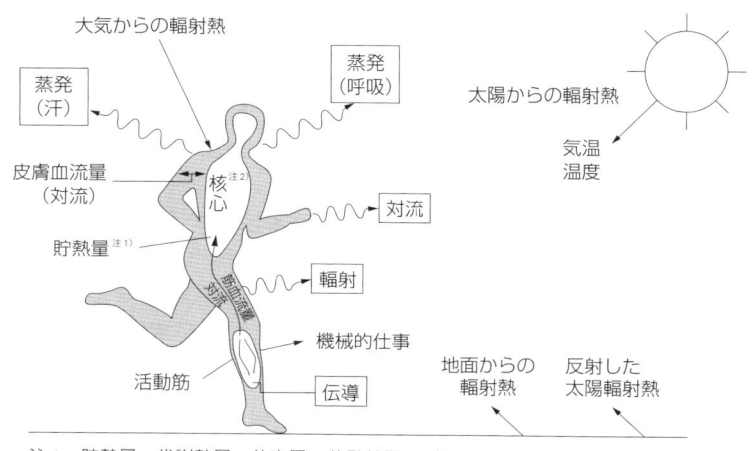

図7-4 運動による熱産生とその後の深部からの皮膚への熱移動
(Gisolfi CV, et al.: Temperature regulation during exercise: old concepts, new ideas. Exerc Sport Sci Rev, 12: 339-372, 1984. を改変)

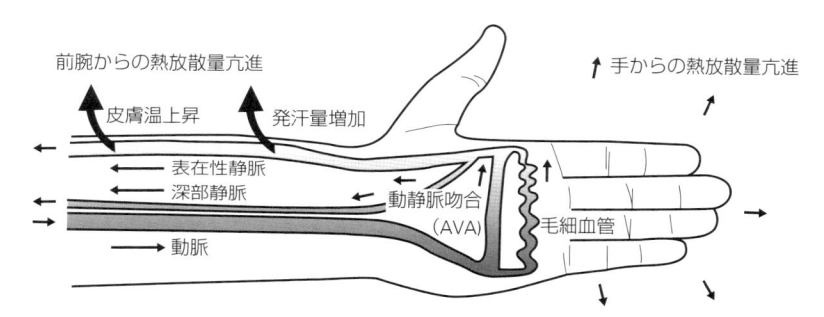

注1 貯熱量＝代謝熱量－仕事量－蒸発熱量±（輻射＋伝導＋対流）
注2 核心：体の中心部の温度は高く，容易に変動しない（核心温）

図7-5 動静脈吻合の血流増加が上肢全体の熱放散量亢進に寄与するしくみ
(平田耕造:運動と体温. 宮村実晴編, 最新運動生理学, p253, 真興交易医書出版, 1996)

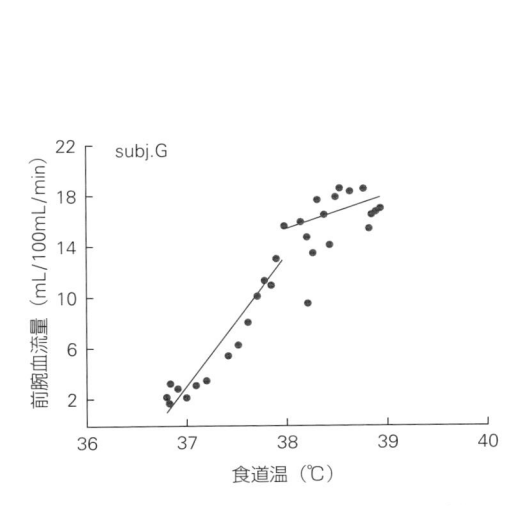

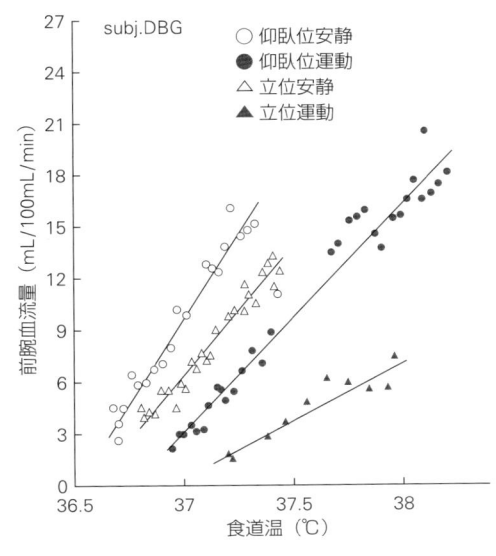

図7-6　運動時の皮膚血流量と深部体温の関係
運動は140拍/分の強度で17〜30分間実施した．右図は安静時と運動時における皮膚血流反応の比較を示す．運動は心拍数を120〜130拍/分を維持するように実施した．
（左図：Brengelmann GL, et al.: Altered control of skin blood flow during exercise at high internal temperatures. J Appl Physiol, 43: 790-794, 1977. 右図：Johnson JM, et al.: Modification of the skin blood flow-body temperature relationship by upright exercise. J Appl Physiol, 37: 880-886, 1974）

特に運動時の体温上昇には非温熱性要因が関係していると考えられている．今のところ，この非温熱性要因には，①筋の化学受容器と機械受容器，②動脈圧反射，③体液量変化，④随意運動に伴う脳や脊髄からの信号，などの体温調節中枢への伝達が想定されている．

4）運動と熱放散機構
（1）皮膚血量の増大による熱放散
　運動を始めると深部体温も上昇し，しばらくの間これと平行して前腕の皮膚血流量も増加する（急性相）（図7-6）．しかし，深部体温が38℃を超えると両者の回帰直線の傾きは小さくなってしまう（減衰相）．これは，運動によって血漿量が減少するために起こるとされている．また，運動負荷時と暑熱負荷時の深部体温と前腕血流量の関係を比較すると，急性相の回帰直線は運動時で右側へ移行する．つまり，同じ深部体温で比較すると，運動による血管拡張のための閾値体温が上昇しているのである．この閾値体温は運動強度の増加に伴い，やはり高温側に移行するとされている．

（2）発　汗
　発汗は高温によって引き起こされる発汗を温熱性発汗と呼び，精神の興奮や疼痛刺激による発汗を精神性発汗と呼ぶ．
　水は蒸発するときに周囲から熱を奪う（気化熱）．水1gの蒸発

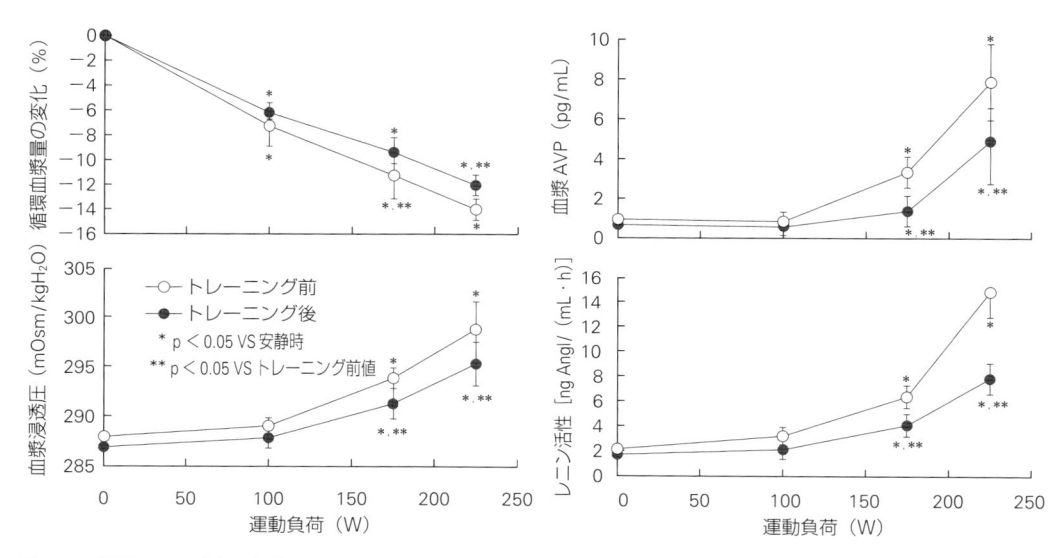

図7-7 運動による循環血漿量，血漿浸透圧，血漿バソプレッシン（AVP）量とレニン活性の変化
(Convertino VA, et al.: Plasma volume, renin, and vasopressin responses to graded exercise after training. J Appl Physiol, 54: 508-514, 1983)

は0.6kcalの熱を奪う．つまり，人は汗を蒸発させることによっても体温を低下させることができる．仮に，100gの水が蒸発すると60kcalの熱が奪われ体重60kgの人では体温が1.2℃下がる計算になる．この汗の蒸発は，不感蒸泄と能動発汗の2つの方法によって行われ，不感蒸泄によって1日当たり0.5L以上の水が失われている．これは360kcalの熱で，1日の基礎的熱産生量のおよそ20％に相当する．能動的な発汗は深部体温が37℃以上に上昇すると水と塩の活発な分泌が汗腺から起こる．運動時の発汗はこの能動発汗によるが，運動に伴った発汗量の増加は総汗腺数が増えることによって起こり，単一の汗腺からの発汗量が増すわけではない．

（3）体液の調節

発汗量が多量になると，脱水が進行する．脱水による水と塩分の著しい喪失に伴って，循環血液量や一回心拍出量が減少し，酸素運搬能の低下，心拍数の増加がみられる．また，発汗に伴う水分量の減少は血漿浸透圧を上昇させる．その結果，腎の傍糸球体からのレニン分泌が促進される．実際，運動によるレニン活性の変化は，血漿浸透圧の変化に一致して増加する（図7-7）．血中に増加したレニンは最終的には副腎皮質の球状帯に働き，アルドステロンの分泌を促進する．アルドステロンは，腎の遠位尿細管と集合管に作用し，Na^+の再吸収とK^+，H^+排泄を促進して体液量と酸塩基平衡の調節に働く．運動によるレニン活性の増加の割合は，持久的トレーニングにより小さくなる．これは，トレーニングにより交感神経系の緊

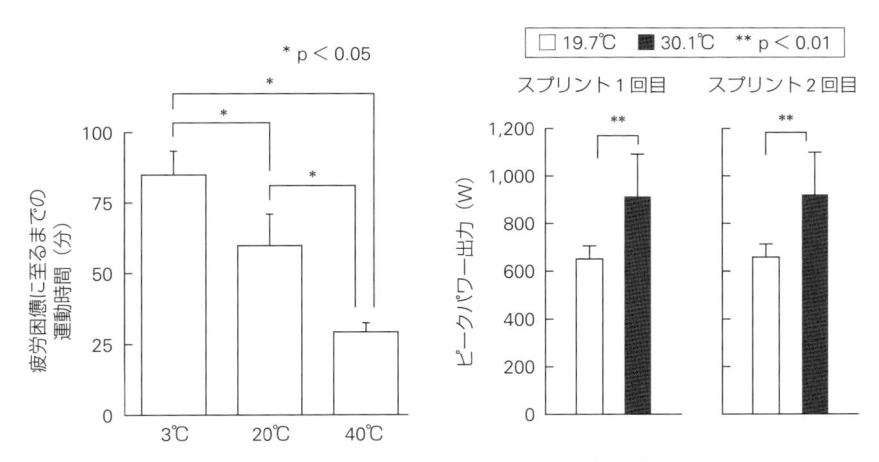

図7-8 疲労困憊に至る運動時間（左図）と環境温度の関係（右図）
運動は70%$\dot{V}O_2$maxの自転車運動を行った．右図は，嫌気的運動（ウインゲートパワーテスト）と環境温度の関係を示す．
（左図：Parkin JM, et al.: Effect of ambient temperature on human skeletal muscle metabolism during fatiguing submaximal exercise. J Appli Physiol, 86: 904, 1999. 右図：Ball D, et al.: Human power output during repeated sprint cycle exercise: the influence of thermal stress. Eur J Appl Physiol Occup Physiol, 79: 360-366, 1999）

張の程度が減弱するためであろう．
　筋血流量が低下すると筋のグリコーゲンの消耗も著しくなり，当然筋疲労も起こる．したがって，長時間や暑熱環境下の運動時には水分補給，特に弱グルコース電解質溶液の補給は欠かすことができない．

5）さまざまな環境と運動
（1）暑熱環境と運動
　環境温が5～36℃では運動時の代謝量と熱放散量はほぼ一定である．この環境温度範囲を逸脱したり，運動が激しくなると運動時の平衡体温（熱産生量と熱放散量が一致すると平衡に達する）が高くなる．しかし，環境温が30℃であっても，湿度が90%近くもあると汗が蒸発しない．そのため熱放散量は著しく低下し，平衡体温は上昇してしまう．
　運動パフォーマンスを考えると，一般に好気的な運動のパフォーマンスは暑熱環境で低下するが，嫌気的運動では低下せず，むしろ高くなることさえあるようである（図7-8）．多くの球技系スポーツは好気的運動と嫌気的運動の組み合わさったものであるが，競技時間が長くなればなるほどそのパフォーマンスは環境温度に左右され，暑熱時に低下するであろう．
　暑熱環境に適応し順化すると（暑熱順化），発汗・皮膚血流反応が改善し，熱放散量も低下する．運動トレーニング自体も発汗・皮

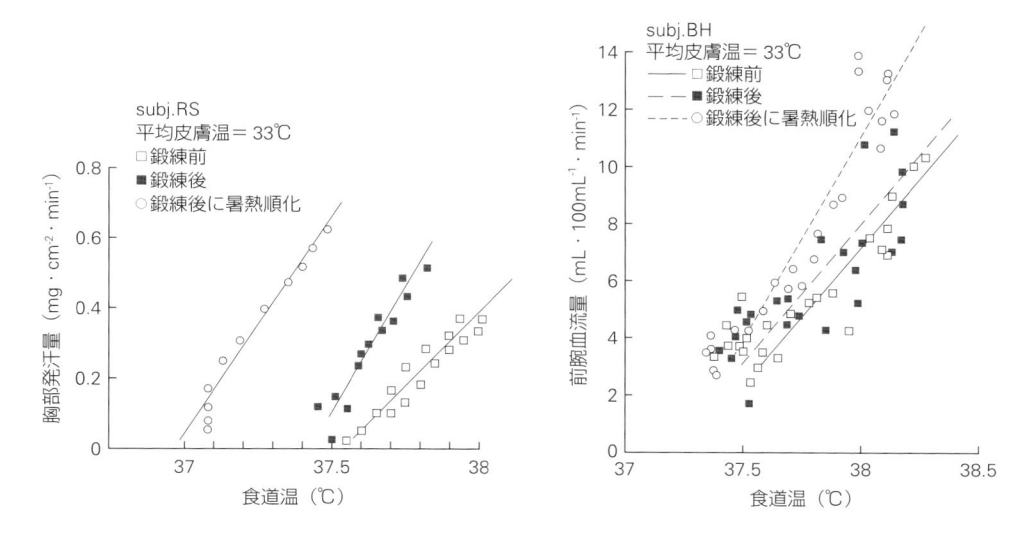

図7-9 運動鍛錬と暑熱負荷における深部体温と発汗量（左図）や皮膚血流（右図）の関係
(Roberts MF, et al.: Skin blood flow and sweating changes following exercise training and heat acclimation. J Appl Physiol, 43: 133-137, 1977)

膚血流反応を改善させるようである（図7-9）．

（2）寒冷環境下での運動

寒冷環境下では外気温が低いため熱放散量は大きくなる．水中での運動でも同じことである．一般に，寒冷環境下の運動では他の環境下での運動に比べて酸素摂取量が大きくなるとされているが，この増加分は体熱の損失分に比例したふるえによるエネルギー増大量とほぼ比例している．しかし，実際には，運動時にふるえは抑制されるため，運動時の「酸素摂取量増加分」はふるえ以外の要因にある可能性も否定できない．

寒冷環境下では好気的運動のパフォーマンスに比べて嫌気的運動のパフォーマンスが特に低下するようである．また，技術系のスポーツでは，四肢や手指の巧緻性（スキル）に影響を受け，スキルパフォーマンスが低下する．

寒冷順化では暑熱順化とは逆の発汗・皮膚血流反応が起こり，代謝能も向上する．運動トレーニング自体も寒冷に対する体温調節の感受性や熱産生反応を改善し，耐寒性を向上させると考えられている．一般に，持久能力の優れたものは耐寒性にも優れているとされている．

（3）高所環境と運動

高所環境でまず問題となるのは，酸素分圧と気温の低下である．環境温度の低いときについては前述しているので，ここでは酸素分圧の低下，つまり低酸素（低圧）と運動について触れる．

低酸素状態，すなわち酸素分圧が低いと肺胞はもちろん動脈血中

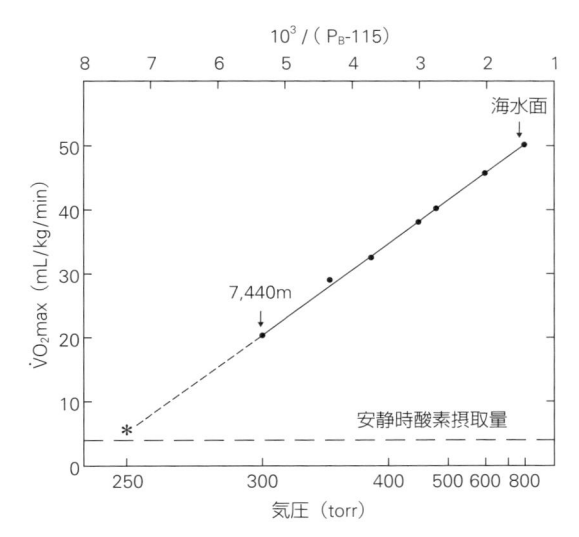

図7-10 高所順化した被験者の$\dot{V}O_2$maxと気圧との関係
(大野秀樹ほか:高所における生理学.臨床スポーツ医学,13:615,1996)

の酸素分圧が低下するため組織への酸素供給が減少する.したがって最大酸素摂取量が減少し持久力も低下することとなるであろう(**図7-10**).もし,低酸素に適応しなかった場合,いわゆる急性高山病の症状を呈し,頭痛,倦怠,吐き気,息切れ,咳,不規則な呼吸,運動失調,むくみ,尿量の減少などが起こり,進行すると高所肺水腫,脳浮腫,網膜出血などを引き起こす.このような症状は高所に順化すると起こらなくなる.高所順化によって,赤血球,ヘモグロビン濃度,ヘマトクリット値が増加して酸素運搬能が向上し,活動する肺胞や毛細血管も増加する.加えて,運動をすることによって一回拍出量や筋緩衝能は増加し,解糖系が抑制され,その結果として乳酸性閾値も大きくなり,持久的能力も増加する.また内分泌系の変化もみられる.このようなことが背景となって,運動トレーニング方法の1つとして高所トレーニングが利用されている.この効果は平地に戻っても1週間程度は持続するようである.

参考文献

1) 安部孝ほか編:これからの健康とスポーツの科学 第2版.講談社サイエンティフィク,2005.
2) 宮村実晴編:最新運動生理学.真興交易医書出版部,1996.
3) 中野昭一編:スポーツ医科学.杏林書院,1999.
4) 大野秀樹ほか:高所における生理学.臨床スポーツ医学,13:613-617,1996.

第8章 トレーニングの基礎概念

　スポーツトレーニングは，体力，技術，戦術，意志（メンタル），理論の5つのトレーニングに分類することができる．猪飼は体力構成要素の分類（図8-1）において，意志・意欲や適応も体力の構成要素ととらえているが，これは生体の持つ生理的機能や身体の発揮するパフォーマンスすべてを体力の構成要素と位置づけたものであり，一般的に体力トレーニングとは，図8-1における行動体力の機能面（筋力：strength，敏捷性・スピード：agility・speed，平衡性・協応性：balance・coordination，持久性：endurance，柔軟性：flexibility）のトレーニングを指す．また，宮下は，体力トレーニングについて特に体が発揮する筋力・パワーや持久力に着目し，出力パワーの大きさ（ハイパワー，ミドルパワー，ローパワー）でトレーニングを分けることを提唱している．この分類方法は，

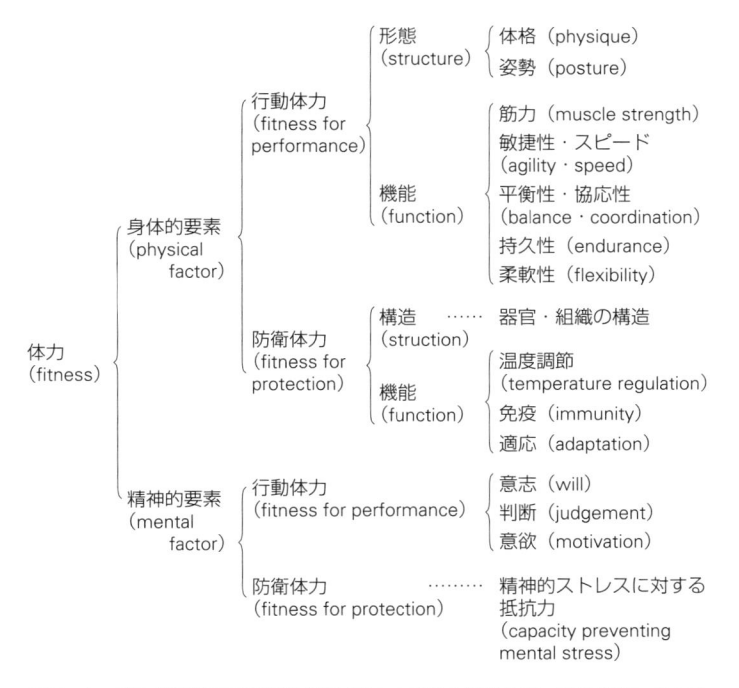

```
                                    ┌ 形態          ┌ 体格 (physique)
                                    │ (structure)   └ 姿勢 (posture)
                    ┌ 行動体力       │
                    │ (fitness for  │               ┌ 筋力 (muscle strength)
                    │  performance) │               │ 敏捷性・スピード
                    │               │ 機能          │ (agility・speed)
        ┌ 身体的要素 │               └ (function)    │ 平衡性・協応性
        │ (physical │                               │ (balance・coordination)
        │  factor)  │                               │ 持久性 (endurance)
        │           │                               └ 柔軟性 (flexibility)
        │           │
        │           │ 防衛体力       ┌ 構造 …… 器官・組織の構造
        │           │ (fitness for   │ (struction)
        │           └ protection)    │               ┌ 温度調節
        │                            │ 機能          │ (temperature regulation)
体力    │                            └ (function)    │ 免疫 (immunity)
(fitness)│                                           └ 適応 (adaptation)
        │
        │           ┌ 行動体力                       ┌ 意志 (will)
        │           │ (fitness for performance)      │ 判断 (judgement)
        │ 精神的要素 │                                └ 意欲 (motivation)
        └ (mental   │
           factor)  │ 防衛体力                       … 精神的ストレスに対する
                    └ (fitness for protection)        抵抗力
                                                      (capacity preventing
                                                       mental stress)
```

図8-1　**体力構成要素の分類**（猪飼道夫：運動生理学入門．杏林書院，1973）

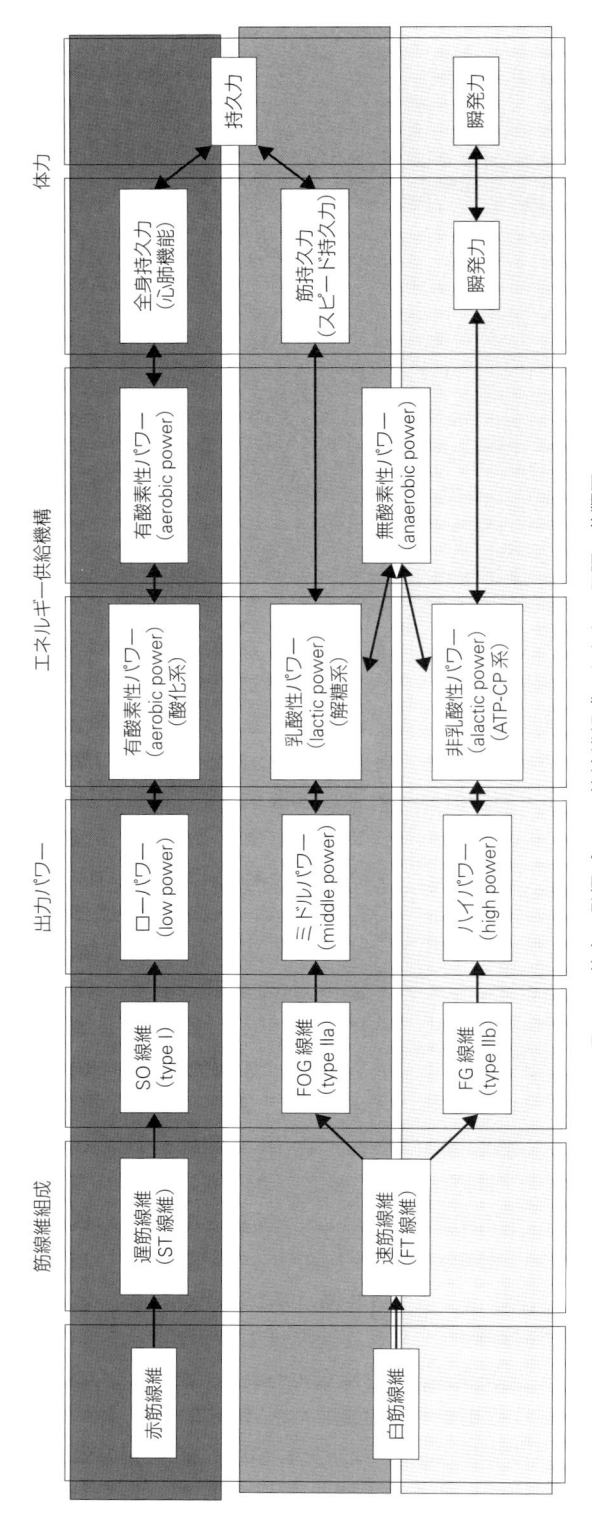

図 8-2 体力、発揮パワー、筋線維組成にかかわる用語の分類図

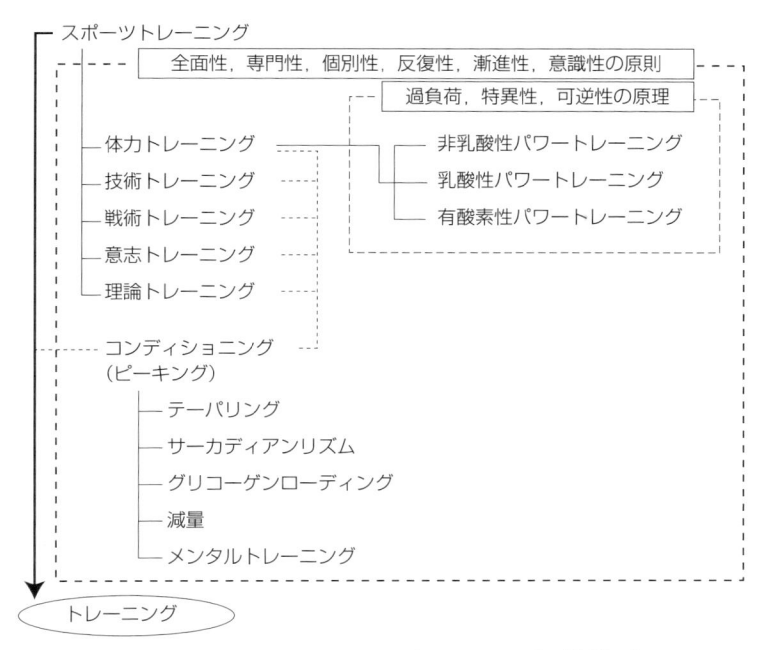

図 8-3　トレーニングとコンディショニングの基礎概念

ATP（アデノシン三リン酸）再合成のためのエネルギー供給系に由来するパワー発揮（非乳酸性パワー：alactic power，乳酸性パワー：lactic power，有酸素性パワー：aerobic power），あるいは，運動に動員される筋線維組成（FG（type II b），FOG（type II a）およびSO（type I））に由来する．ここでこれらの用語を整理すると図8-2のようになる．本章では，筋線維組成やエネルギー供給系に由来するパワー発揮能力から体力トレーニングについて説明する．したがって，用いる用語は非乳酸性パワー，乳酸性パワーそして有酸素性パワーが中心となる．

　本章では，それぞれのトレーニングにおける最適時期を生理的な発育度から説明する．また，トレーニングをより効果的なものとするためには，守らなければならない原則・原理があるので，これらをわかりやすく説明する．また，試合に合わせて体調を整えることをコンディショニング（調整）というが，コンデショニングについても簡単にふれておく（図8-3）．

1．スポーツトレーニングの最適時期

　スポーツトレーニングにおける最適時期は，身体諸機能・器官が最も発達しやすい時期に適切な負荷を与えるのがよい．この身体諸機能・器官の発達時期については生理的発育度（生理的年齢）によっ

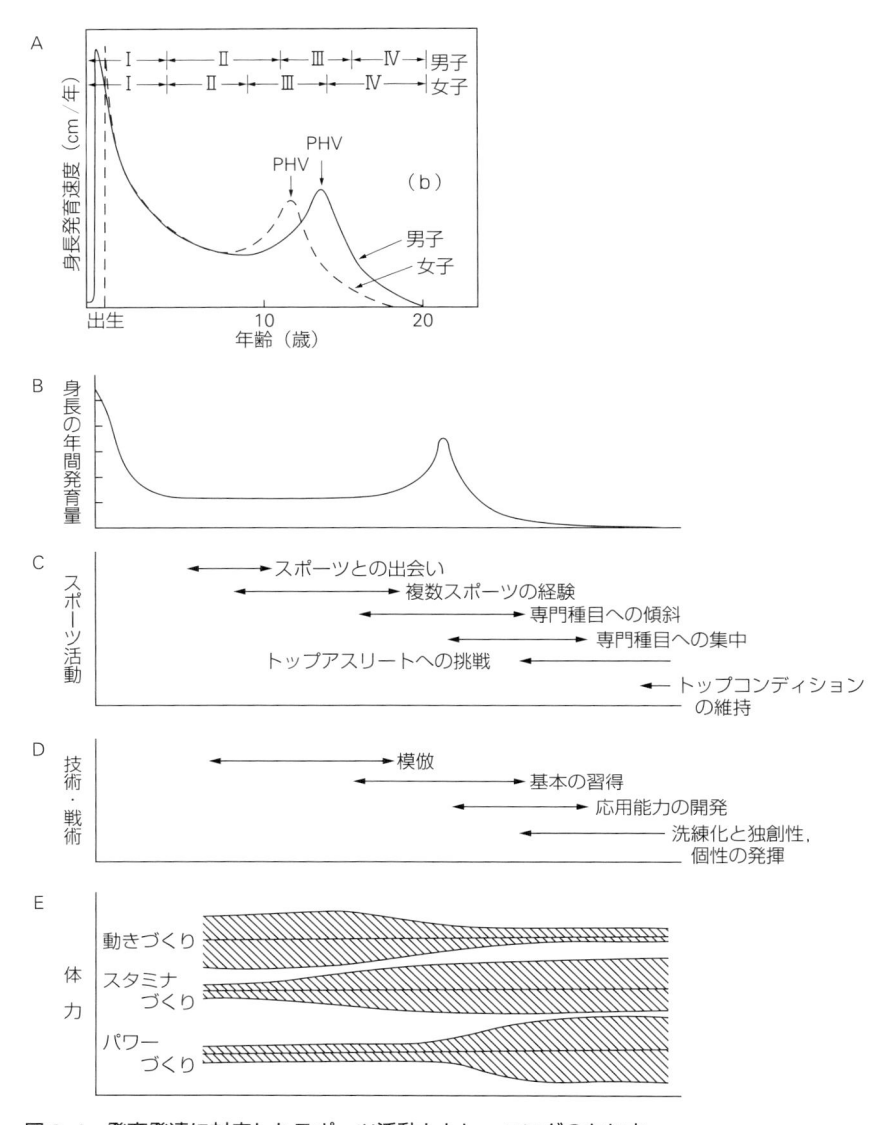

図 8-4　発育発達に対応したスポーツ活動とトレーニングのあり方
身長発育速度は，思春期発育スパート期にピークとなる．この時点の年齢を PHV 年齢（the age of peak height velocity）という．（A は高石昌弘ほか：思春期身体発育のパターンに関する研究—第一報　男子の身長発育速度および体重発育速度について—．小児保健研究，26（2）57-63，1968．B〜E は浅見俊雄：スポーツトレーニング．朝倉書店，1985）

て個人差がある．そこで，二次性徴の発現時期とほぼ一致する第二伸長期（＝第二発育促進期：男子 13〜16 歳，女子 11〜14 歳）において身長の伸びが最高となる時期を特定する PHV 年齢（the age of peak height velocity：高石，1968）が 1 つの指標となる（旧東欧圏などでは，骨年齢を考慮していたことが知られている）．浅見は身長の発育曲線と，スポーツトレーニングの最適時期の関係を**図 8-4**

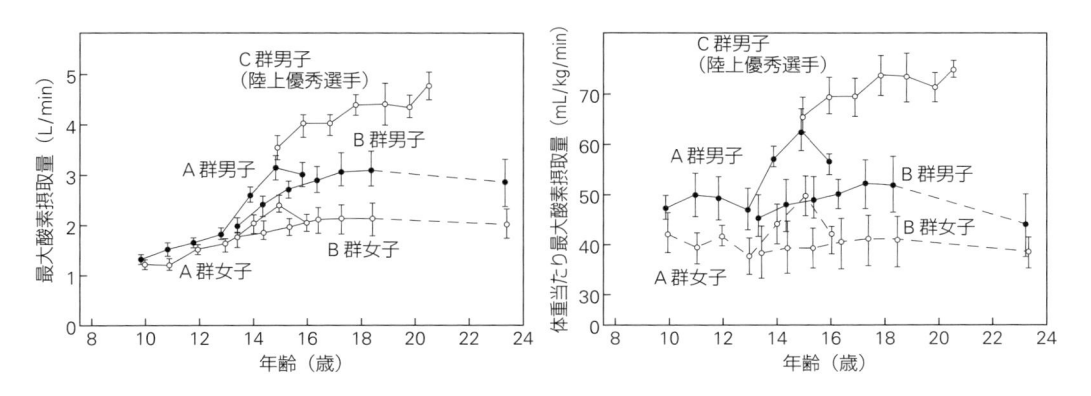

図 8-5 年齢に伴う最大酸素摂取量の発達
（小林寬道：C 級コーチ教本　後期用，pp56-68，日本体育協会，1988）

のように示している．まず，幼児期から小学校低学年期は，脳・神経系の発達がもっとも著しい時期である．この時期にはいろいろなスポーツを経験することで運動神経の発達（動きづくり）を促すことが適切といえる．平衡性，協応性や柔軟性の獲得がこの時期にあたる．また，技術面に関しては，特に，水泳，器械体操，新体操やフィギュアスケートなどの技術的要素の高い種目では，この時期にトレーニングを始めなければ一流選手になるのは難しいと考えられており，実際，これらの種目の世界クラスの選手では 3～4 歳程度から専門的にトレーニングを開始している例も多い．

男性ホルモン（アンドロゲン）の分泌は二次性徴（PHV 年齢）が現れる頃までは，男女とも少ない．男性ホルモンは筋の発達を促すホルモンでもあるため，この頃までは筋の発達は乏しいかわりに，身長の伸びに伴って全身に血液・酸素を送るための呼吸循環器系（肺，心臓・血管）の発達は著しい．つまり筋量に対して肺や心臓は相対的に大きく，**図 8-5** に示したように有酸素性パワーをトレーニングする（スタミナづくり）のに適した時期といえる．

性別に関係なく，二次性徴（PHV 年齢）を越えてからの男性ホルモンの顕著な分泌は，筋の発達を促す．当然この時期は非乳酸性パワーを増強（パワーづくり）させるのに適した時期となる．

2．スポーツトレーニングの原則

スポーツトレーニングを考えるとき，全面性，反復性，漸進性，個別性，意識性の 5 つ，またはそれに専門性を加えた 6 つの原則が求められる．それぞれについて簡略に説明すると以下のようになる．

1）全面性の原則

　スポーツトレーニング全般についていえば，体力トレーニングのみや技術のトレーニングのみではなく，前述した，体力，技術，戦術，意志，理論について総合的にトレーニングしていかなければならない．また，体力トレーニングついていえば，大半の種目において，非乳酸性パワー，乳酸性パワーおよび有酸素性パワーが多かれ少なかれ必要となる．たとえ，運動時間が数秒の非乳酸性パワーが主となる種目であっても，練習量の確保のためには有酸素性パワーも必要となる．したがって，それぞれの体力要素をバランスよくトレーニングしなければならない．

2）専門性の原則

　特に競技スポーツを対象とした場合，全面性の原則だけで競技力向上は成り立たない．特に専門種目に傾倒していく高校生となる頃には，身体の生理的機能の変化からみても，全面的なトレーニングを考慮しつつも，その種目ごとの特性に応じた技術，体力等それぞれのトレーニングバランスを考えなければならない．また，体力トレーニングにおいては，さらにその種目でもっとも必要とされる体力構成要素のトレーニングに比重が置かれるべきである．

3）個別性の原則

　スポーツトレーニングの内容は，体力レベルや技術レベルによって異なるものである．性別や前述の生理的年齢はもちろんのこと，トレーニングの効果にも個人差がある．これらのことを考慮しなければならない．ただし，この個別性の原則は，時には全面性の原則と相反することにもなる．

4）反復性の原則

　体力，技術，戦術，意志のトレーニングは，一度だけのトレーニングによって向上するような類のものではない．時として，技術や戦術は，突如「ひらめく」ような場合もあるが，それをいかなるときにも成功あるいは発揮できるようにするには，やはりトレーニングの反復が必要となる．

5）漸進性の原則

　スポーツトレーニングは個別性の原則に則って，個人の能力を踏まえた上で行うものであるが，当然強度の低いものから高いものへ，やさしいことから難しいものへと移行しなければならない．

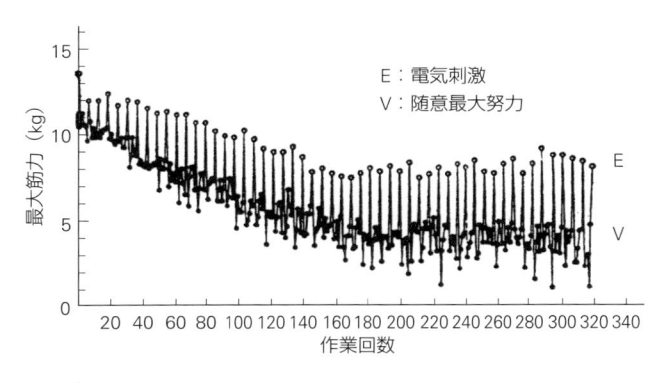

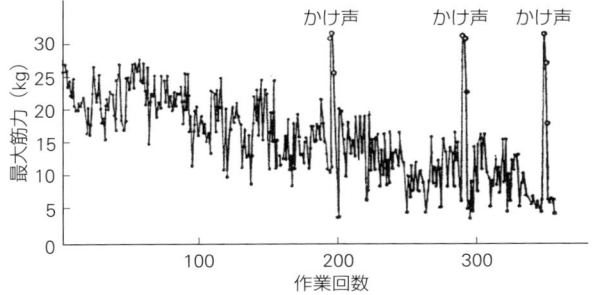

図8-6 "かけ声"および電気刺激による随意最大筋力の増加
(上:矢部京之助:人体筋出力の生理的限界と心理的限界.杏林書院,1977)
(下:猪飼道夫ほか:筋力の生理的限界と心理的限界の筋電図学的研究.体育学研究,5:154-165,1961)

6) 意識性の原則

スポーツトレーニングにおいて,目的意識や意欲が高ければ,それだけ高いトレーニング効果が期待できる.**図8-6上段**に示したように,特に持久的な運動になると生理的限界以前に心理的限界が認められるが,実際,集中力を高め意欲的に取り組むことは,筋力発揮にも影響を与えることが知られている(**図8-6下段**).また,目的意識を高く持つためにはトレーニング理論等についても理解しておく必要がある(理論のトレーニング).

3.体力トレーニングおよびコンディショニング

体力トレーニングとは,単に疲労困憊まで運動することではなく,「体力の増強を目的とした,意図的な疲労の蓄積と適度な休養との組み合わせ」である.生理学的に説明すれば,「反復的な身体運動(ストレス)による,身体諸機能・器官の生理的・形態的変化(適応)に対する働きかけ」といえる.そして,この生理的・形態的変化を「トレーニング効果」と呼ぶ.また,コンディショニングとは,競技会などに備えて体調を最高の状態に整えることであり,「体力トレー

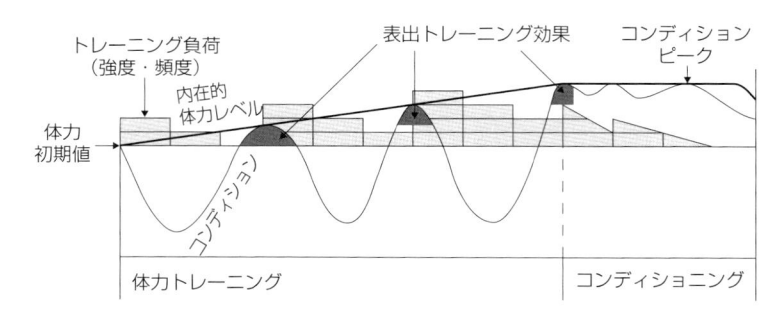

図8-7 体力トレーニングの効果とコンディショニング

ニングによって引き起こされた個々の器官の適応を，最適な状態に維持するための身体運動および休養などの面からの働きかけ」といえる．ただし，広義にはその種目に必要な体力を養成することをコンディショニングと呼ぶこともある．図8-7にトレーニングとコンディショニングの概念図を示した．つまり，トレーニングとコンディショニングとは，身体運動の質（強度・頻度）・量（時間）と休養の組み合わせ方は異なるものの，体力の向上を目指すか，維持を目指すかという概念的な違いでしかない．なお，トレーニング効果は超過回復（super compensation）ともいわれるが，この言葉は「休息によって実際の体力以上のパフォーマンスが発揮できる状態」のように誤解されることもある．実際には，「トレーニング効果」と休息によって体力が最高のコンディションとなった状態である．

1）テーパリング

コンディショニングの主目的は，試合に合わせて体調を最高の状態に整えるピーキング（peaking）である．ピーキングの中でもっとも重要となるのがテーパリング（tapering）である．taperとは「先を細くする，とがらせる」という意味がある．練習量を少なくして疲労を抑えることからtaperという語が用いられたといわれるが，一点に集中できるよう気持ちを鋭利にするという意味もあるといわれている．この意味では，メンタルトレーニングにおける集中力のトレーニングや試合会場での行動をイメージするメンタルリハーサルなどもコンディショニングの一部となろう．

2）サーカディアンリズム

動物には，「体内時計」とも呼ばれる24時間を周期としたサーカディアンリズム（circadian rhythm）がある．時差ぼけのまま試合に臨んでもよい結果は得られない．また，大会当日は早朝から試合があるのに，普段の練習は夕方のみということではリズムに変調を来して，集中できないまま試合が終わってしまうことになりかねな

い．大切な試合であれば，少なくとも2週間くらい前から試合時間に合わせた生活リズムに体を慣らしておきたい．

3）グリコーゲンローディング

特に持久系種目では，摂取エネルギーの不足によるパフォーマンスの低下は免れたい．この解決策としてグリコーゲンローディングがある．これは，試合の1週間ほど前から3日前くらいまで炭水化物の摂取を極力抑え，一過性に肝臓や筋のグリコーゲンを枯渇させ，その後試合の日まで高炭水化物食を摂取することで，通常以上のグリコーゲンが貯蔵できるというものである．詳細は栄養関連の専門書を参照されたい．

4）減　量

体重制限のある種目では，減量もピーキングの概念に含まれる（体重制限のない種目ではコンディショニングの範疇）．減量に失敗して，試合当日までの数日を絶食するような状態では，まともなコンディションとはいえない．望ましい減量法は，運動（エネルギー消費）と食事（エネルギー摂取）の両面からのアプローチとなる．エネルギー消費（運動）の面から減量を考えた場合，当然脂肪を燃焼しやすい有酸素運動を行うことが基本となる．また，摂取エネルギー（食事）の面からは，その日の消費エネルギー（**表9-2**参照）を基準に考えなければならない．十分なエネルギーを摂取していないと，筋タンパクが分解されエネルギーとして利用されるため，脂肪を落とすつもりが筋肉まで落とすことになってしまう．さらに，男性では活力不振，女性では貧血や生理不順を引き起こしやすい．また，サウナ等で汗を出しておいて，摂取する水分を制限するようなことは避けなければならない．水分やミネラルの損失によって，筋中の電解質のバランスが崩れ，けいれんを起こしやすくなったり，脱水症状で生命に危険が及ぶことさえある．詳細は栄養関連の専門書を参照されたい．

4．体力トレーニングの原理

体力トレーニングは，ストレスに対する身体の適応を意図している．したがって，身体の生理的機能および変化にかかわる基礎知識を踏まえてトレーニングを構築しなければならない．その身体の適応にかかわる3つの理論が，過負荷（over-load），特異性（specificity）および可逆性（reversibility）の原理である．それぞれについて簡略に説明すると以下のようになる．

1）過負荷（オーバーロード）の原理

身体（器官・組織）には，一定水準以上の負荷（ストレス）をかけなければ，トレーニング効果（適応）は期待できない．また，トレーニング効果により体力水準が向上すれば，さらなる過負荷が必要となる（図8-7参照）．

2）特異性の原理

ストレスに対する適応は，当然ストレスを受けた器官・組織に起こる．したがって，目的とする体力の向上には，その体力にかかわる器官・組織に対してもっともストレスを与えることのできるトレーニングを選択・構成しなければならない．また，筋に限っていえば，実際の動作に近い動作速度，力発揮，関節角度でトレーニングを行わなければ，競技パフォーマンスに有効とならない場合がある．

3）可逆性の原理

トレーニング効果は永続的に続くものでなく，トレーニングを中止すれば体力低下（トレーニング効果の消失）をまねく．また，トレーニングを中止しなくても，ストレスを受けていない器官・組織におけるトレーニング効果は徐々に消失していくこととなる．なお，図8-7に示したように，コンディショニングは疲労（ストレス）の蓄積を抑えるため，コンディショニングによって得られた体力レベルのピークは，その後減衰する．これが試合にコンディションのピークを合わせるピーキングの難しさである．

5．科学的トレーニングとは

スポーツの競技力向上には，科学的な体力トレーニングが重要であるといわれる．では，何をもって科学的トレーニングと称するか．心拍数や血中乳酸値を計りながらトレーニングをすれば科学的かといえば，そうではない．

科学的と称するには，まず，どの体力要素をトレーニングするのか（専門性・個別性の原則に基づいた目標体力レベルの設定）を明確にしなければならない．この目標設定のために，レベルによっては個々の体力測定値と一流選手の体力測定データとの比較が必要な場合もあろう．次に，この目標とする体力レベルを獲得するためのトレーニング計画（過負荷と特異性の原理および反復性の原則に基づいたトレーニングの強度・頻度，時間，期間）を構築することとなる．ここでは，これまでの研究成果を基にして，どのようなトレーニングをどの程度行えば，期待されるトレーニング効果が得られる

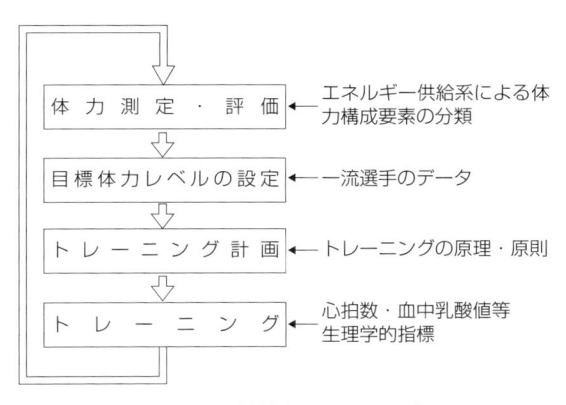

```
┌──────────────────────┐
│  ↓                   │
│ 体力測定・評価 ←── エネルギー供給系による体
│  ⇓                   力構成要素の分類
│ 目標体力レベルの設定 ←── 一流選手のデータ
│  ⇓                   │
│ トレーニング計画 ←── トレーニングの原理・原則
│  ⇓                   │
│ トレーニング ←── 心拍数・血中乳酸値等
│                      生理学的指標
└──────────────────────┘
```

図8-8 科学的トレーニング

かを予測して計画をたてることとなる．

　図8-8に示したように，体力評価→目標設定→トレーニング計画の立案・実施の一連の流れを繰り返すことで，トレーニング内容が効果的であったかどうかを確認・修正できる．行き当たりばったりではなく，このような科学的な裏付けを基にした長期的かつ綿密なトレーニング計画とトレーニング効果の確認・修正の繰り返しが科学的トレーニングと呼ばれるのである．心拍数や血中乳酸値などの生理学的指標は，あくまでトレーニング強度やコンディションの確認手段でしかない．

参考文献

1) 浅見俊雄：スポーツトレーニング．朝倉書店，1985．
2) 猪飼道夫：運動生理学入門．杏林書院，1973．
3) 猪飼道夫ほか：筋力の生理的限界と心理的限界の筋電図学的研究．体育学研究，5：154-165，1961．
4) 宮下充正：トレーニングの科学—パワーアップの理論と方法．講談社，1980．
5) 高石昌弘ほか：思春期身体発育のパターンに関する研究—第一報　男子の身長発育速度および体重発育速度について—．小児保健研究，26(2) 57-63，1968．
6) トレーニング科学研究会編：トレーニング科学ハンドブック．朝倉書店，1996．
7) 矢部京之助：人体筋出力の生理的限界と心理的限界．杏林書院，1977．
8) 財団法人日本体育協会：C級教師・スポーツプログラマー2種教本，共通科目Ⅰ期．p165，1994．
9) (財)日本体育協会：C級教師・スポーツプログラマー2種教本，共通科目Ⅱ期．p64，1994．(小林寛道：日本人のエアロビックパワー—加齢による体力の推移とトレーニングの影響—．杏林書院，1982に加筆されたもの)

第9章 体力トレーニングの実際

　体力トレーニングを，筋収縮のためのエネルギー供給系（ATPの再合成）から分類すると，非乳酸性パワー，乳酸性パワーそして有酸素性パワーに分けて考えることができる．この分類方法は，トレーニング計画を構築する上で都合がよい．本章では，それぞれのパワーについて，図9-1に示したトレーニングの基本的な考え方，トレーニングの種類，方法，その効果について説明する．

1．非乳酸性パワー

1）非乳酸性パワー（FG線維）のトレーニング

　非乳酸性パワーは，FG線維におけるATPの分解およびクレアチンリン酸（CP）分解のエネルギーによるATPの再合成によって

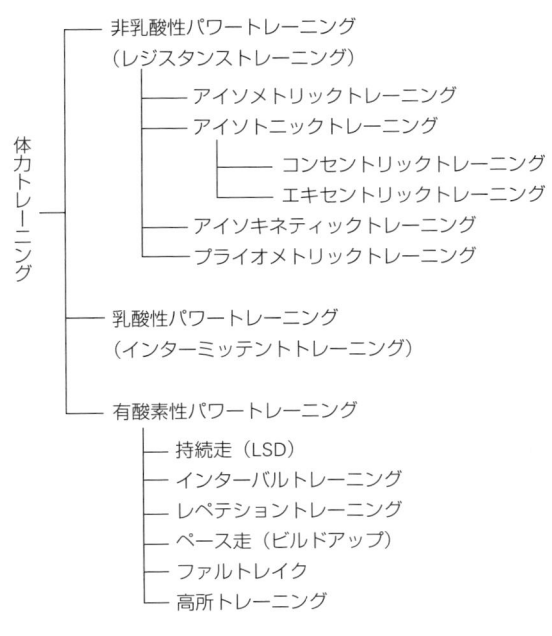

```
体力トレーニング
├─ 非乳酸性パワートレーニング
│   （レジスタンストレーニング）
│   ├─ アイソメトリックトレーニング
│   ├─ アイソトニックトレーニング
│   │   ├─ コンセントリックトレーニング
│   │   └─ エキセントリックトレーニング
│   ├─ アイソキネティックトレーニング
│   └─ プライオメトリックトレーニング
├─ 乳酸性パワートレーニング
│   （インターミッテントトレーニング）
└─ 有酸素性パワートレーニング
    ├─ 持続走（LSD）
    ├─ インターバルトレーニング
    ├─ レペテショントレーニング
    ├─ ペース走（ビルドアップ）
    ├─ ファルトレイク
    └─ 高所トレーニング
```

図9-1　体力トレーニングの内容

発揮される．大きな力，パワーが発揮できる代わりに，筋中のCPは微量なため，全力運動においては7秒たらずのパワー発揮である（図3-1参照）．なお，筋力とパワーは異なる概念であるが（注参照），筋線維レベルでみれば，全力運動ではどちらも非乳酸性のエネルギー供給に依存するため，本章では，筋力も非乳酸性パワーとして扱う．非乳酸性パワーを向上させる代表的なトレーニングとして，スピードトレーニングとレジスタンストレーニング（筋力トレーニング）がある．ただし，スピードを決定づける筋の収縮速度については生理学的に十分解明されていないところが多い（後述）．そのため，本章ではおもにレジスタンストレーニングについて説明する．なお，レジスタンスとは日本語で「抵抗」であり，レジスタンストレーニングとはバーベル等の重量物（ウエイト）だけでなく，自重やゴムチューブ等を用いたトレーニングの総称であり，広義には自転車エルゴメータでのトレーニングも負荷抵抗を用いているため，レジスタンストレーニングの1つといえる．

　図9-2に等速性筋力測定器を用いた膝伸展筋力，図9-3に自転車エルゴメータを用いた最大無酸素性パワーについて，国内一流選手の種目別平均値を示した．

2）レジスタンストレーニングの効果

　図9-4に示したように金子（1981）は，最大筋力に対して0％，30％，60％，100％の重さの肘屈曲トレーニング（1日10回，週3回，12週）を行わせた結果，0％ではスピードが，100％では最大筋力が，30％および60％ではスピードと筋力の両面，そしてスピードと筋力を乗じたパワー（注参照）の増加が顕著であったことを報告している．したがって，レジスタンストレーニングは，最大筋力を高めるトレーニングだけでなく，負荷を軽くすることで最大速度を高めるスピードトレーニングとなるし，中程度の負荷において最大速度を求めれば最大パワーを高めるトレーニングとなる（最大反復回数を求めれば，筋持久力や乳酸性パワーのトレーニングとなる）．これらの適応を筋線維レベルで観察すれば，神経筋単位（neuromuscular unit：NMU＝運動単位（motor unit））の動員割合の改善（琉子ほか，1982），筋線維肥大（Costillほか，1979）・増殖（山田ほか，2003），そしてATPやCPなどのエネルギー貯蔵量とATPの再合成にかかわる酵素（ATPase）の増加（Bellほか，1992）などがみられる．

　最大筋力の増加について福永（1978）は，トレーニング効果を図9-5のように示している．まずトレーニング開始直後に筋横断面積の増加が観察されないまま最大筋力の増加が認められる．この時には筋収縮に動員される筋線維数の増加，すなわち，中枢では大脳運

※注　力とパワーの関係

「力が強いこと」と「パワーが高いこと」は別物である．瞬発力のことを無酸素性パワー（anaerobic power），持久力のことを有酸素性パワー（aerobic power）と言い換えることができるが，日本語では「〜力」，英語では「〜パワー」という言葉が体力を表す言葉として使われているために，力とパワーが混同されている．

重いものを動かすには，大きな力が必要であるがスピードは必要ではない．逆に軽いものを動かすには高いスピードをだせるが小さな力しか発揮できない．パワーとは，この力とスピードを乗じたものであり，図9-4Bにみられるように山がたの曲線になる．たとえば100kg重のバーベルを持ち上げることができれば力は強いが，パワーが高いとは限らない．また，野球のボールを遠くに投げることができても，スピードは高いが，パワーが高いとは限らない．では，実際の競技場面では何が要求されるのか．ほとんどの場合，要求されるのは力やスピードではなく，パワーである．走るスピードを競う陸上競技の100m走でも，自分の体重という重さを移動させるためにそれなりの力が必要である．また，砲丸投げのように重いものを遠くに投げる競技でも，どれだけ遠くに投げられるかは，砲丸にどれだけ高い初速度（スピード）を与えられるかによって決まる．したがって，力とスピード両面すなわちパワーが必要なわけである．

このように，その種目によって必要なパワーは，スピードの要素の高いもの，力の要素の高いもの，多種多様である．したがって，体力トレーニングでは，その種目の特性を考えた上でスピードを鍛えたり，筋力を鍛えたりすることで，求められるパワーを向上させることができる．もちろん，スピードも筋力も向上させ，パワーを向上させることが理想である．決してスピードも筋力も低いのにパワーだけが高いということはありえない．

物理学でいうパワーは「仕事率」と訳される．仕事率とは，仕事量を，その仕事に要した時間で除したものである．仕事量は，どれだけの重さのものをどれだけ動かしたか，つまりその重さを持ち上げるのに必要な「力×移動距離」であるから，

　パワー＝仕事率＝仕事量／時間＝力×移動距離／時間
　　　　＝力×移動速度（スピード）

となる．

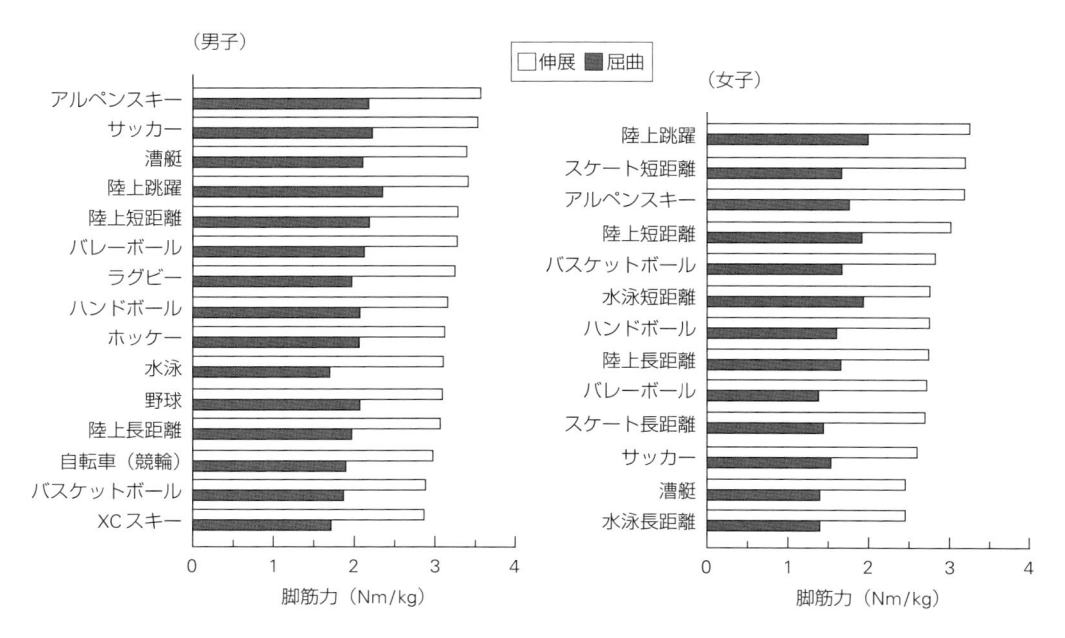

図 9-2　一流選手の膝伸展・屈曲筋力（体重当たり）
((財) スポーツ医・科学研究所編：一流スポーツ選手の競技力向上の為の総合体力診断システムの開発とその種目別実用に関する研究（第4報），1995）

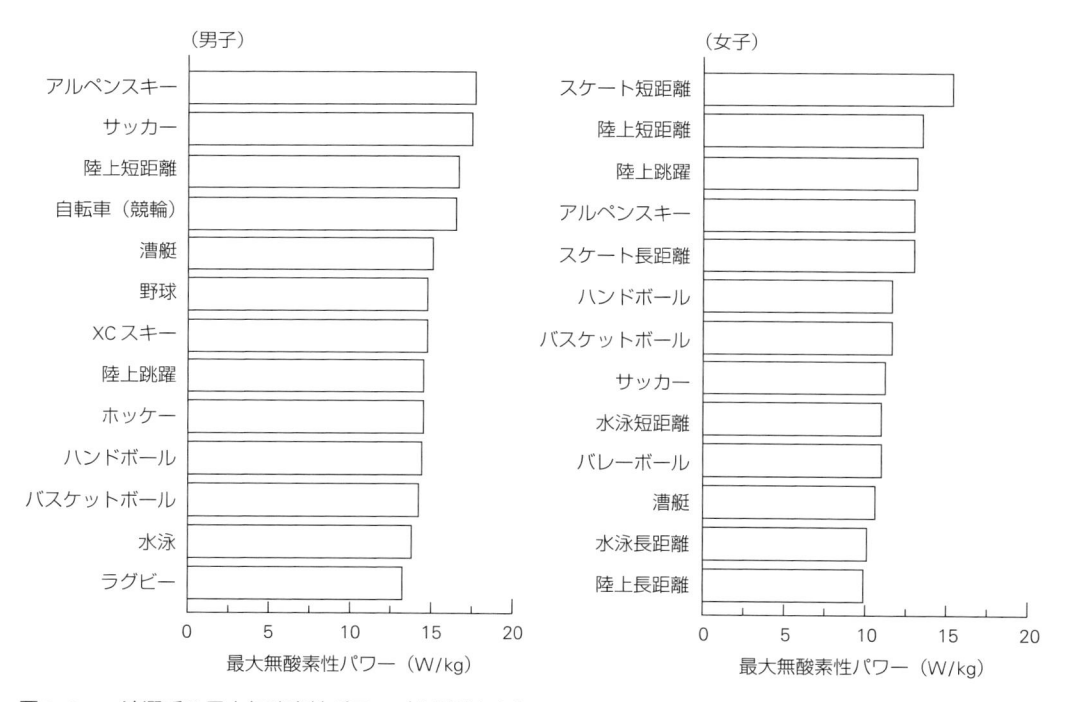

図 9-3　一流選手の最大無酸素性パワー（体重当たり）
((財) スポーツ医・科学研究所編：一流スポーツ選手の競技力向上の為の総合体力診断システムの開発とその種目別実用に関する研究（第4報），1995）

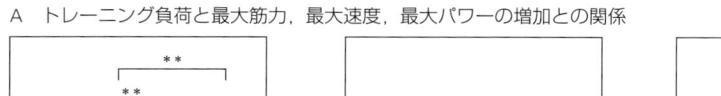

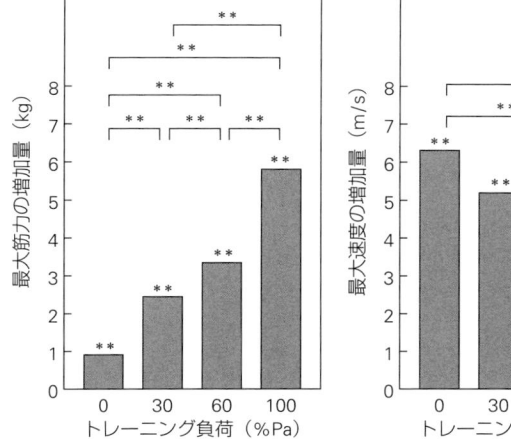

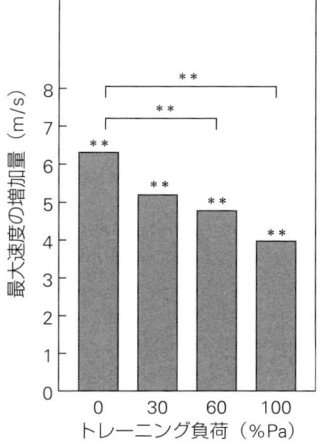

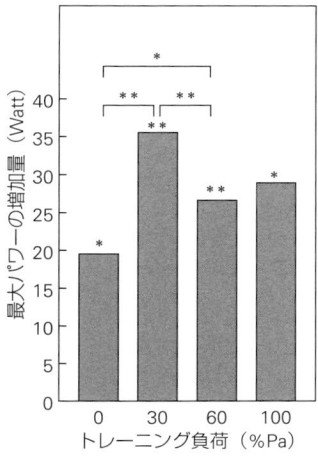

A　トレーニング負荷と最大筋力，最大速度，最大パワーの増加との関係

B　レジスタンストレーニングにおける負荷が力―速度関係，力―パワー関係に及ぼす効果

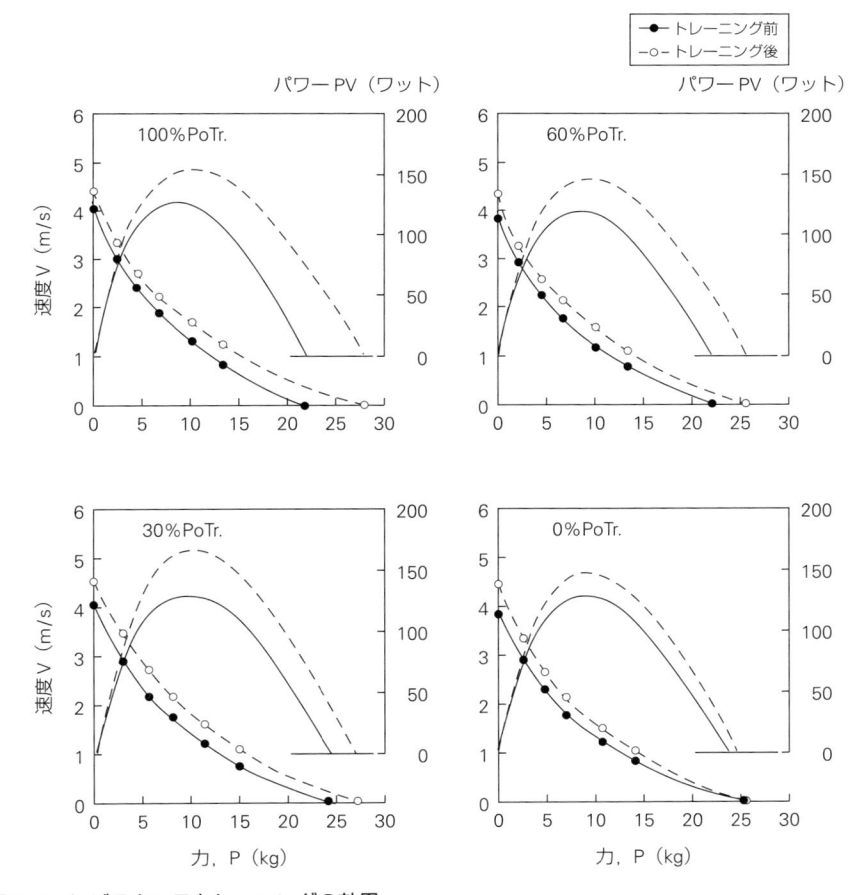

図9-4　レジスタンストレーニングの効果
（金子公宥ほか：人体筋の力・速度・パワー関係に及ぼすトレーニング効果．体力科学，30：86-93, 1981）

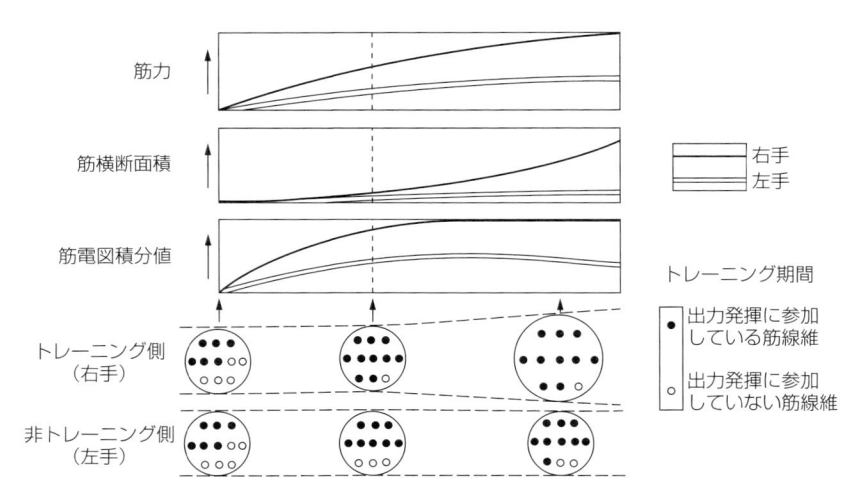

図 9-5 筋力トレーニングによる筋力，筋横断面積，筋放電量の変化
(福永哲夫：ヒトの絶対筋力．杏林書院，1978)

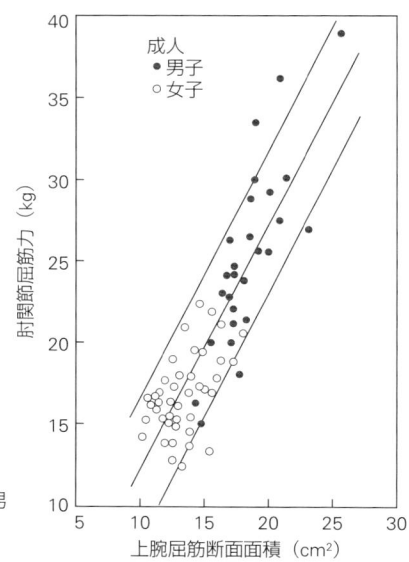

図 9-6 筋断面積と最大筋力との関係
筋断面積の大きな人は強い筋力を発揮できる．男子と女子とは1本の回帰線上にプロットされる．
(福永哲夫：ヒトの絶対筋力．杏林書院，1978)

動野での興奮水準の高まり，末梢ではより多くの運動単位の動員が起こる．図 8-6 に示したような心理的限界が生理的限界に近づくわけである．次には筋横断面積の増加が認められる．この筋横断面積の増加は，筋線維の肥大と増殖によって起こる．ただし，バイオプシー（筋生検）によって，筋肥大が起こることは確認されているが，増殖については，増殖中の筋線維は確認されているものの，それがトレーニングによる効果かどうかはいまだ賛否両論である．いずれにしても，筋横断面積の増加には筋肥大が主となることは異論のないところであり，それはすなわち，貯蔵できるエネルギー量の

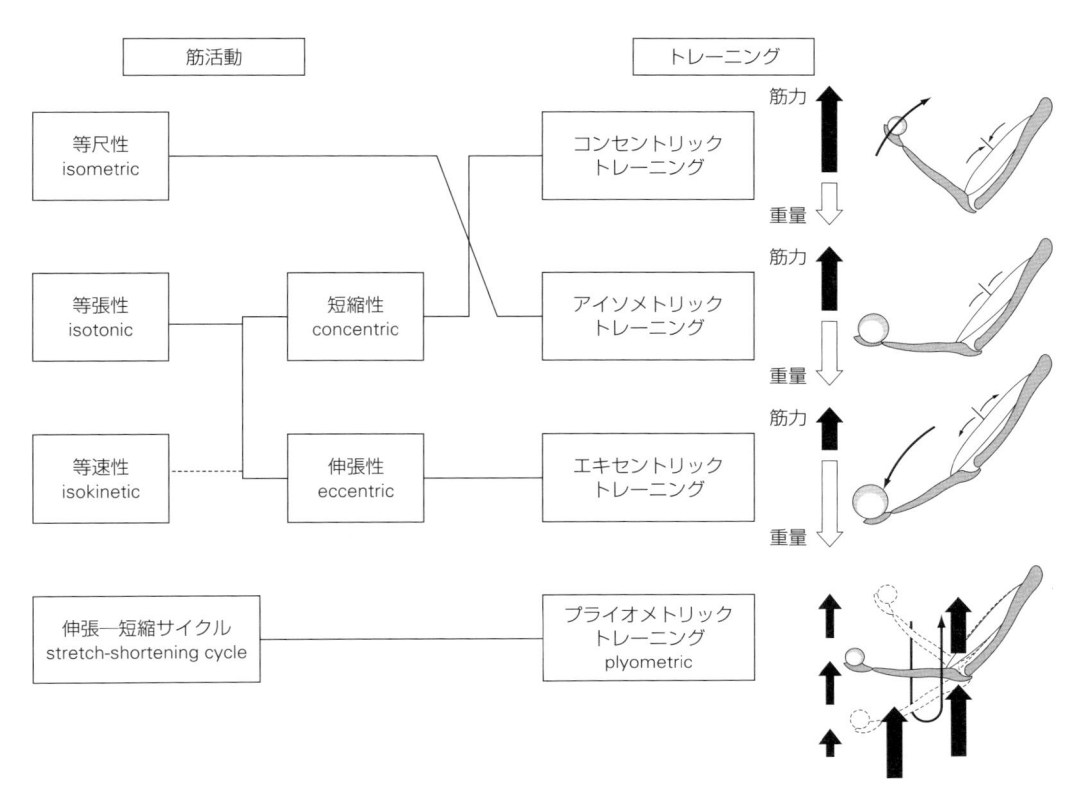

図 9-7 レジスタンストレーニングの種類

増加を意味する．なお，図 9-6 に示したように，最大筋力は，男女の差はなく筋横断面積に比例する（福永，1978）．若干の個人差は，動員される運動単位や筋線維組成の違い（琉子ほか，1982）である．

スピード（筋の収縮速度）の改善については，筋の収縮速度を規定する要因である，ATP の再合成にかかわる酵素（ATPase）の増加が確認されている．しかし，他の規定因子である筋節長（サルコメア長）や活動電位の刺激伝導速度がトレーニングによって変化するかどうかは今後の研究を待たなければならない．

3）レジスタンストレーニングの種類と方法

レジスタンストレーニングの種類は，筋の活動様式から図 9-7 のように分けることができる．

アイソメトリックトレーニングは，最大筋力を発揮しても筋長が変わらないトレーニングである．実際には，筋は若干短縮しているため，関節角度が変わらないような筋力発揮様式のトレーニングといえる．

アイソトニックトレーニングは，重量物（ウエイト）の重さが常

に一定の場合であり，力発揮時に筋が短縮すればコンセントリックトレーニング，伸張すればエキセントリックトレーニングと呼ばれる．ただし，フリーウエイトやマシンを用いた実際のトレーニングでは，短縮と伸張が交互に繰り返される．また，チューブやバネなどを使ったトレーニングでは，動作開始時はコンセントリックであるが，最後はアイソメトリックとなる．自転車エルゴメータでは，おもにコンセントリックなトレーニングとなる．

　筋や腱は急激に伸ばされると，筋の伸張反射や腱の弾性エネルギーによって縮もうとする性質を持つ．ここで，筋にあらかじめ張力を発揮させておけば，急激な外力に対し筋が伸びづらい分だけ腱はより引き伸ばされる（弾性エネルギーの蓄積）．この一連の流れは伸張—短縮サイクル（stretch-shortening cycle：SSC）と呼ばれ，走ったり跳んだりする実際の競技場面において非常に重要な筋力発揮様式である．この一連の流れを意識したトレーニングが，プライオメトリックトレーニングである．筋の活動様式からみれば，エキセントリックな状態から一瞬のアイソメトリックを挟んで急激にコンセントリックに切り替えるトレーニングである．

　筋が最大筋力を発揮しても，一定の速度でしか動かないようなトレーニングがアイソキネティックトレーニングである．これには特殊な機器（アイソキネティックマシンや等速に近い油圧式マシン）を用いなければならず，病院等でのリハビリテーションや研究機関等での体力測定ではよく用いられるが，実際の運動場面（等張性の筋収縮）に即しておらず，競技力向上を目指したトレーニングには適していない．マシンの動作方向に力を加えればコンセントリックとなるし，逆方向に力を加えればエキセントリックなアイソキネテックトレーニングとなる．トレーニング実験や体力測定，リハビリテーションではよく用いられる方法である．

　レジスタンストレーニングの強度は，フリーウエイトやマシントレーニングの場合，最大挙上重量（1RM：repetition maximum ＝最大で 1 回しか反復できない重さ）あるいは最大反復回数を基準とする．90%1RM 以上，あるいは，どんなにがんばっても 3 回以上あげられないような重さでのトレーニングは，より多くの運動単位の動員を促すため，力発揮にかかわる神経系を改善する集中力のトレーニング（図 9-8）といわれる（松尾，1984）．一方，筋肥大を目的とするのであれば少なくとも 70%1RM 以上の重さ，あるいは 12〜15 回以上はあげられない重さを選択する（金久，1994）．ただし，90%1RM 以上では筋肥大を起こさないとか，60%1RM 程度では運動単位の動員が促されないということではない．どのようなトレーニング効果が主として現れるかということである（図 9-4）．

　なお，フリーウエイトやマシントレーニングでは，何回反復でき

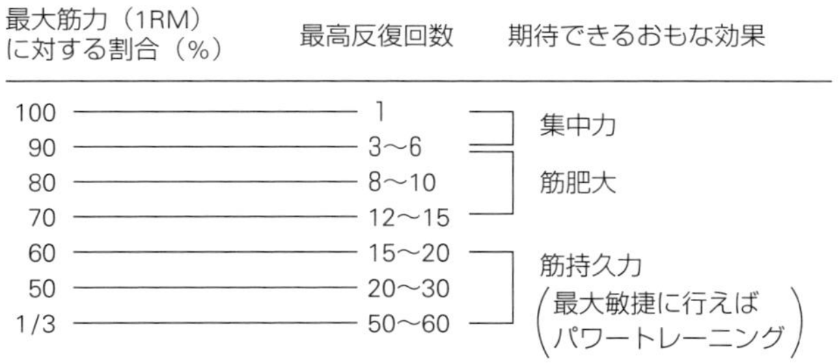

```
最大筋力（1RM）    最高反復回数    期待できるおもな効果
に対する割合（％）
100 ──────────── 1          ┐ 集中力
 90 ──────────── 3～6       ┘
 80 ──────────── 8～10      ┐ 筋肥大
 70 ──────────── 12～15     ┘
 60 ──────────── 15～20     ┐
 50 ──────────── 20～30     │ 筋持久力
 1/3 ─────────── 50～60     ┘ （最大敏捷に行えば
                              パワートレーニング）
```

図 9-8　負荷重量と最高反復回数およびその主たる効果
（松尾彰文：アイソメトリックスとウェイトトレーニング．浅見俊雄ほか編，現代体育・スポーツ体系第 8 巻　トレーニングの科学，pp148-172，講談社，1984）

るかに主眼がおかれるが，FG 線維中の CP が枯渇する程度の反復回数が，高いトレーニング効果を得るために必要となる．したがって，30%1RM 程度の重さであっても，できるだけ速い動き（最大努力）で行えば，7 秒程度の筋収縮時間で CP が枯渇するため，筋肥大は起こる（Bell ほか，1992）．これは，前述した金子（1981）の実験において 30%1RM のトレーニングよっても最大筋力が増加したことからもうかがえる．なお，30%1RM は最大パワーが発揮される重さに相当する．自転車エルゴメータは，この最大パワーを高めるトレーニングとして利用できる．負荷は，最大パワーが発揮できる負荷付近で，10～15 秒以内の最大努力で高いトレーニング効果が報告されている（中村，1985；金久，1994）．やはり，非乳酸性パワー発揮によって CP の枯渇する時間である 7 秒を越えることが条件となる．

なお，10 秒程度のレジスタンストレーニングを繰り返す場合，休息時間は運動で使われた ATP や CP が回復する 2 分程度の時間が最低必要となる．休息が短ければそれだけきつく，効果があるように思えるが，それは誤った考え方である．たとえば，休息時間を 1 秒と極端に短くし，10 セット繰り返したとすると，実質的には 100 秒の連続運動すなわち乳酸性パワーを高めるトレーニングになってしまう．トレーニングには適切な運動時間と適切な休息時間が必要である．

4）もっとも効果的なレジスタンストレーニング

金子（1988）は，図 9-9 に示したように，アイソメトリックトレーニングが，垂直跳びの跳躍高にマイナスに作用し，アイソトニックトレーニングとジャンプトレーニングの複合トレーニングがもっともプラスに作用したことを示している．つまり，同一筋群のトレーニングであっても関節角度や運動速度が異なると，必ずしもパフォーマンスに有効とならない（第 8 章，4．2）特異性の原理）．

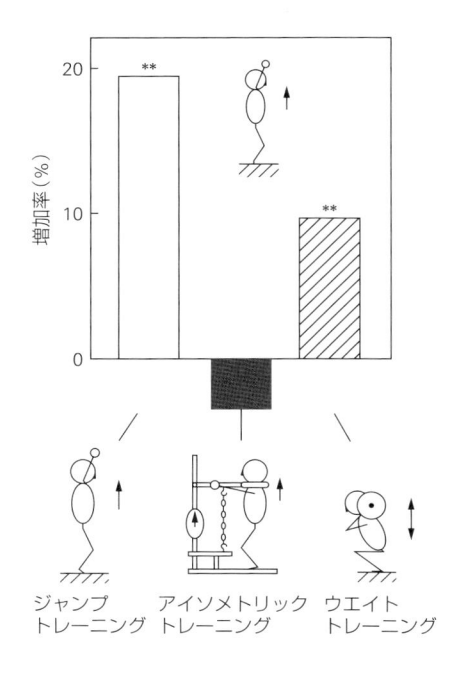

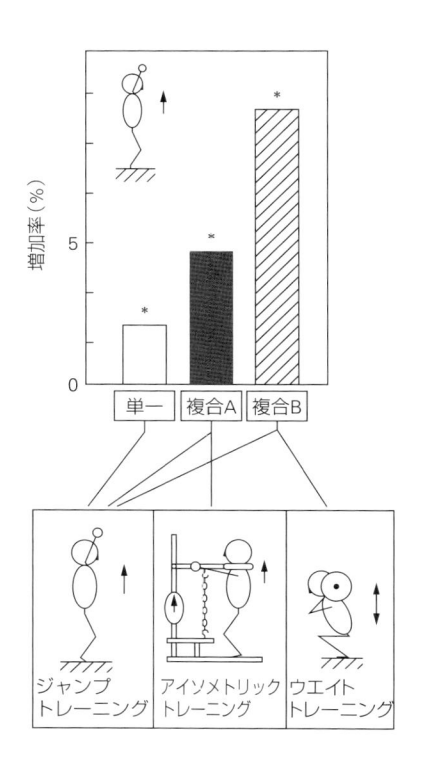

図9-9 ジャンプトレーニング，アイソメトリックトレーニング，アイソトニックトレーニングおよびそれらの複合トレーニングによる垂直跳び成績の伸び
(金子公宥：パワーアップの科学．朝倉書店，1988)

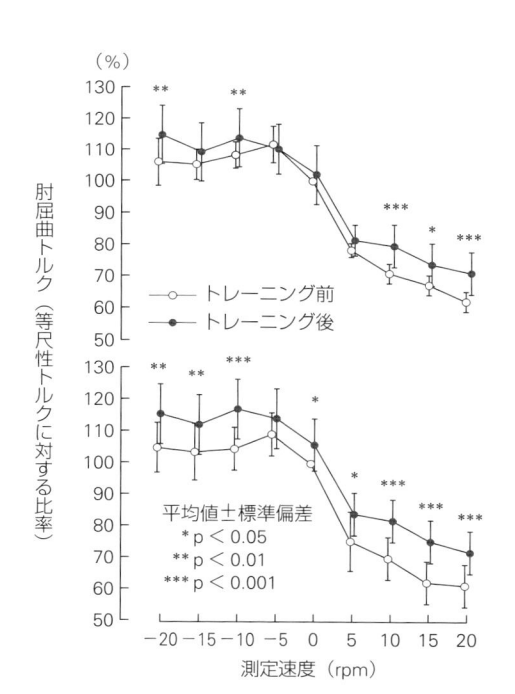

図9-10 筋活動様式と筋力のトレーニング効果との関係
短縮性筋活動（上図）でトレーニングした側の腕に比べて，伸張性筋活動（下図）でトレーニングした側は測定速度全域で筋力が向上した．
(石井直方：レジスタンストレーニングにおける伸張性動作の生理学的意義．トレーニング科学，5：7-10，1993)

また，石井（1993）は，図9-10に示したようにエキセントリックトレーニングのほうがコンセントリックトレーニングよりも効果が高かったことを報告している．

以上のような先行研究を踏まえて，実際の競技パフォーマンスに対しもっとも効果的なトレーニングを考えると，「ゆっくり下ろして，速く上げる」という方法になろう．たとえば60kg重のスクワットでは，ゆっくりしゃがむためには（自重は除いて）50kg重程度の立ち上がる方向への力を発揮していなければならない．10kg重しか発揮していなければ，勢いよくしゃがむことになってしまうからである．そして，勢いよく立ち上がるためには，ゆっくり立ち上がるのに70kg重程度で十分だった力が100kg重以上必要になるわけである．つまり，このゆっくりしゃがむときの筋収縮がエキセントリックな状態であり，筋は50kg重の力を発揮している（縮もうとしている）のに，引き伸ばされていく．立ち上がるときの筋収縮は，コンセントリックな状態にあり，筋は縮みながら力を発揮しているわけである．競技スポーツでは，一瞬の間にどれだけ大きな力を発揮できるかが大切な場合が多いので，ゆっくり下ろした位置からの急激な力の発揮を意識することが重要となる．さらに一歩進んだトレーニングでは，ゆっくりしゃがんできたら，最後の切り返しの前に少しだけ勢いをつけて（立ち上がる力を抜いて）しゃがむことで下向きの速度を大きくし，そして急激に上向きに切り返す．こうすることで，下向きの勢いを受け止めるために150kg重近くの力が必要となる．この動きは，プライオメトリックな要素を含んだ筋力・パワートレーニングとなり，より効果の高いトレーニングとなろう（図9-7参照）．

なお，健康・体力づくりが目的という場合は，「ゆっくり下ろして，ゆっくり上げる」という方法がよい．この動きならば正しい動きを安全に行え，しかも翌日の筋肉痛は少なくてすむ．

レジスタンストレーニングの頻度は，一般的には同一種目を少なくとも3セット，週3回行うことが推奨されている．ただし，トレーニング経験のない一般人では，1セット，週3回でも効果があったことが報告されている（Costillほか，1979）．

2．乳酸性パワー

1）乳酸性パワー（FOG線維）のトレーニング

乳酸性パワーは，FOG線維におけるATPの分解およびグリコーゲンの無酸素的分解のエネルギーによるATPの再合成によって発揮される．比較的大きな力やパワーを持続できる代わりに，乳酸性パワーというくらいであるから，当然筋中・血中にグリコーゲンの

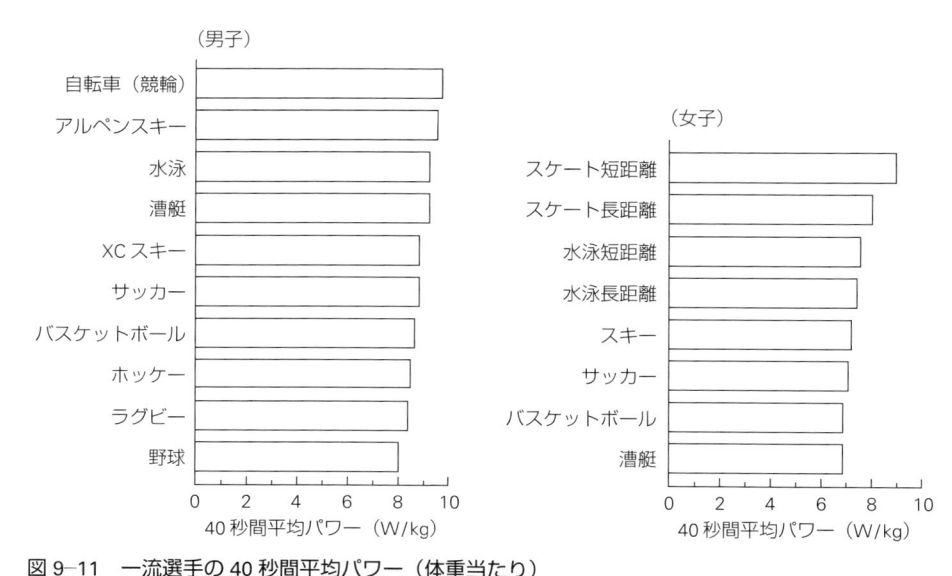

図 9–11　一流選手の 40 秒間平均パワー（体重当たり）
（（財）スポーツ医・科学研究所編：一流スポーツ選手の競技力向上の為の総合体力診断システムの開発とその種目別実用に関する研究（第 4 報），1995）

代謝産物（疲労物質）である乳酸が蓄積する．このため，全力運動においては 40 秒程度までのパワー発揮となる（**図 3–3 参照**）．

図 9–11 に自転車エルゴメータを用いた 40 秒間全力ペダリングの平均パワーについて，国内一流選手の種目別平均値を示した．図に示した通り，競輪選手やスキー・スケート選手，あるいは水泳短距離選手の乳酸性パワーは非常に高く，2 分程度で勝敗を決する競技の種目特性といえる．運動後の血中乳酸値についても同様に競輪選手やスキー選手が高い値を示す．乳酸は疲労物質であるから，蓄積してはいけないという印象があるが，それはマラソンなどの長距離の場合である（乳酸についての詳細は 72 頁参照）．もちろん球技系の選手でも，試合中に乳酸がたまって走れなくなっては困るが，体力要素としてみた場合，乳酸はたくさん蓄積されたほうがよい．なぜなら，乳酸がたくさん蓄積した状態とは，無酸素的にグリコーゲンを分解し，より多くの ATP を再合成した結果だからである．無酸素的に ATP を再合成する能力の高い競輪選手やスキー選手は多量の乳酸の蓄積が起きるが，同時に 40 秒間で高いパワーを発揮できるわけである．

なお，この血液中に拡散された乳酸（血中乳酸）は，心筋や骨格筋（おもに SO 線維）で使われたり，また，肝臓でグリコーゲンに還元されることで除去される．1 分程度の全力運動で蓄積された乳酸は，何もしていない状態では 30 分で 50% 程度処理され，100% 処理されるには 1 時間程度かかる．しかし，軽いジョギング等クーリングダウンを行うと 30 分で 70% 以上処理される．

2）乳酸性パワートレーニングの種類・方法とトレーニング効果

　乳酸性パワーを向上させる代表的なトレーニングとして，20秒から1分程度の最大努力でのレジスタンストレーニングを間欠的に繰り返すインターミッテントトレーニングがある．これまでに報告されているトレーニング効果として次のようなものがある．まずLinossierほか（1993）は，5秒全力，55秒休息の自転車ペダリングを8〜13回×2セット，週4日，7週間行わせたところ，30秒間の全力ペダリングでの平均パワーと，解糖系に関与するホスホフルクトキナーゼ（phosphofructokinase：PFK）および乳酸脱水素酵素（lactate dehydrogenase）がすべて約20%増加したことを報告している．また，Costillほか（1979）は，30秒間（約30回）の最大努力での膝伸展筋力の発揮を，20分休息で2〜3セット，週4日，7週間で，FOG線維の肥大およびPFKの20%程度の増加を報告している．また，Tabataほか（1996）は20秒全力（170%$\dot{V}O_2max$），10秒休息のペダリングを7〜8回セット，週5日，6週間行わせたところ最大酸素借（全力運動中の無酸素性エネルギーの供給量を必要酸素量の不足分でみた指標）が28%増加したことを報告している．また，筋血流量の増加も起こる．

　以上のように，乳酸性パワーを向上させるインターミッテントトレーニングについては，その運動・休息時間の組み合わせは幾通りもあり，最大の効果が得られるトレーニング方法は確立していない．しかし，インターミッテントトレーニングにおいては，非乳酸性と有酸素性エネルギーの貢献度が高く，乳酸性エネルギーの貢献度は低い（山本，1994）ことから，運動時間は少なくとも乳酸性エネルギー供給が主となる20秒から40秒，そして休息時間は，もう一度筋中での無酸素的なグリコーゲンの分解が可能となる時間が必要である．筋中の乳酸が血液中に拡散するのに5分程度かかる（30秒程度の全力運動の後，約5分後に血中乳酸値が最高となる（Doddほか，1984））．したがって，乳酸自体が心筋，肝臓等で十分に処理されていない状態であっても，筋中の乳酸濃度は血液中に拡散されることで低くなっている．したがって，この5分という時間がグリコーゲンの無酸素的分解を再度可能にする最低基準となろう．この時間を短くすれば，筋中での無酸素的なグリコーゲンの分解ができず，極端にペースの落ちた有酸素運動しか行えなくなってしまう．

　図9-12に，以上のことを踏まえた2種類の乳酸性パワーのトレーニングとして，20秒の自転車全力駆動，2分休憩の6セットと，40秒の自転車全力駆動，5分休憩の3セットというトレーニングをした際の出力パワーと心拍数および血中乳酸値の変化を示した（若山ほか，1996）．いずれも，総自転車駆動時間2分，総トレーニング時間12分のトレーニングであるが，より乳酸性エネルギー供給

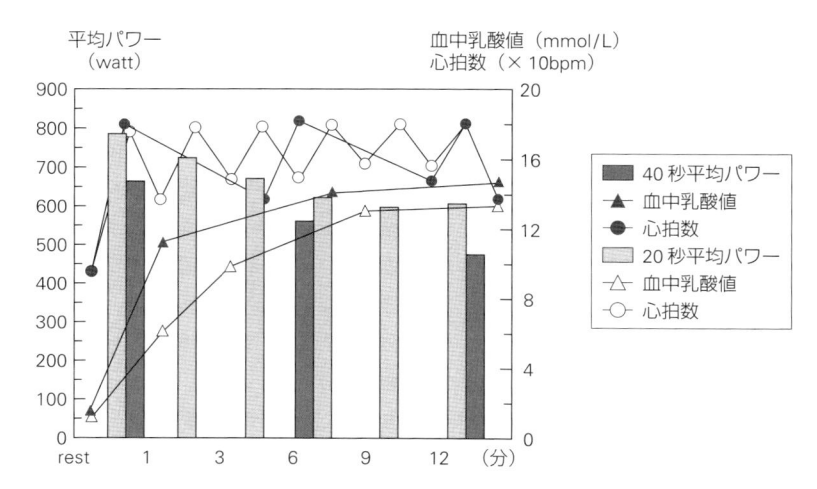

図9-12 40秒ペダリング—300秒休息と,20秒ペダリング—120秒休息における出力パワーと生理的応答の比較
(若山章信ほか:乳酸性パワーを向上させるためのトレーニング法の確立.デサントスポーツ科学,18:112-119,1996)

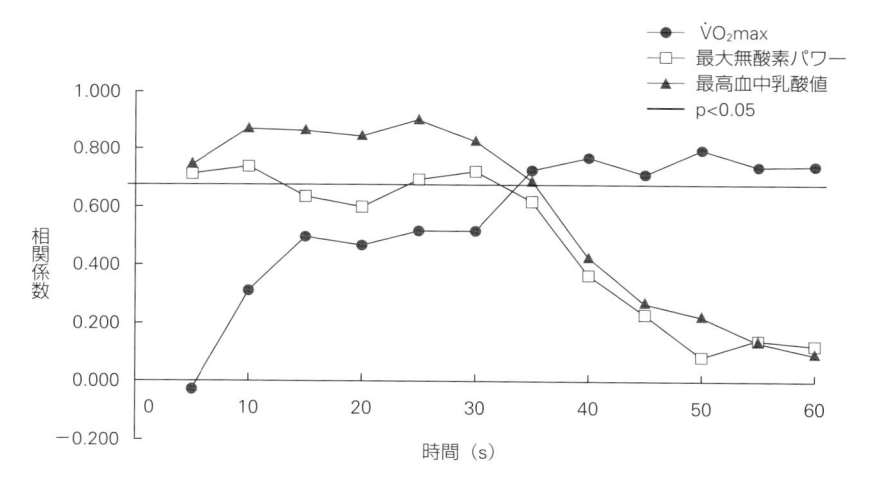

図9-13 60秒間全力自転車こぎにおける5秒ごとの発揮パワーと各種パラメータとの相関関係
(佐々木公枝ほか:陸上中・長距離種目の競技記録と有酸素性・無酸素性パワーとの関係.第17回トレーニング科学研究会発表資料,2004)

に依存する40秒のインターミッテントトレーニングのほうが,血中乳酸値が高まったことがわかる.乳酸性パワーを向上させるインターミッテントトレーニングでは,やはり乳酸性エネルギー供給が主となる40秒程度の運動時間を確保することが重要であろう.

図9-13は自転車エルゴメータを用いて,大学女子中長距離選手10名に60秒間の全力駆動を行わせ,5秒ごとの発揮パワーと最大

酸素摂取量（$\dot{V}O_2max$），運動後の最高血中乳酸値，最大無酸素パワーとの関係を時系列的にみたものである（佐々木ほか，2004）．相関係数が1に近い程その時間帯のパワー発揮能力と関係が強いことを意味している．この結果から，60秒間の発揮パワーの前半は最高血中乳酸値と，後半は $\dot{V}O_2max$ と関係が強いことがわかり，その変換点は35秒程度である．この結果からも，全力運動においては40秒以内が乳酸性パワーを鍛えるのに適した時間と考えることができる．

3．有酸素性パワー

1）有酸素性パワー（SO線維）のトレーニング

　有酸素性パワーは，SO線維におけるATPの分解およびグリコーゲンの有酸素的分解のエネルギーによるATPの再合成によって発揮される．小さな力・パワーしか発揮できない代わりに，グリコーゲンの有酸素的代謝産物である二酸化炭素と水は体外に放出されるため，酸素とグリコーゲンが供給されれば永久に続けられるパワー発揮である（**図3–1参照**）．したがって，マラソンのような持久的運動では，筋に酸素を取り込む能力（最大酸素摂取量：$\dot{V}O_2max$）が重要となる．

　呼吸によって口や鼻から取り入れられた酸素が，筋線維の細胞内で筋収縮のエネルギー獲得に利用されるためには，長く複雑な過程がある．まず，肺に空気が入り，肺胞で血液の中の二酸化炭素（CO_2）と酸素（O_2）のガス交換が行われる．肺の機能（肺活量，換気量や肺拡散能力）が低ければ，入り口の段階で十分な酸素を取り込むことができないことになる．肺で取り込まれた酸素を全身に運搬する役割は血液が担っているが，ヘモグロビン濃度が低下（貧血）すると酸素運搬能力が落ちて，十分な酸素を筋に届けられなくなる．また，血液を全身に送り出すポンプの役割を担う心臓の機能（心拍出量）が低いと，やはり十分な酸素を筋に供給できない．そして，たくさんの酸素を取り込んで有酸素的により多くのATPを再合成するためには，毛細血管網が発達し，かつ酸化系酵素の多いSO線維の割合が多い筋でなければならない．

　この酸素の運搬と消費にかかわる生理学的指標である $\dot{V}O_2max$（**図3–5参照**）は，陸上競技の長距離やスキーのクロスカントリーあるいは，自転車のロード選手のような長時間にわたる種目では70mL/kg/min以上と高く，球技系の種目が60mL/kg/min程度で続き，最後が陸上競技の短距離や投てきなど瞬発系の種目の55mL/kg/min程度となる．

　最大酸素摂取量と並んで，有酸素性パワーを評価する際によく

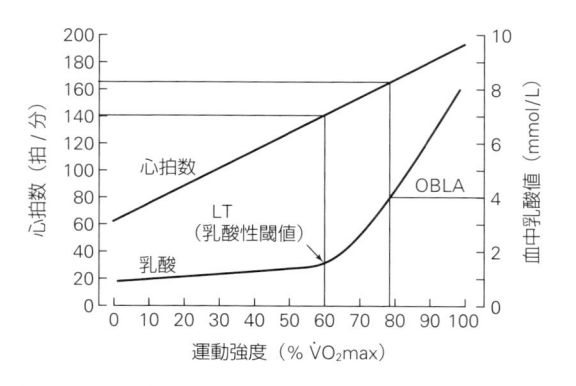

図9-14 ATとOBLA
(池上晴夫:スポーツ医学Ⅰ―病気と運動―. 朝倉書店, 1994)

用いられる指標として無酸素性作業閾値（anaerobic threshold：AT）とOBLA（onset of blood lactate accumulation）がある（図9-14）．ATは，どの程度の強度まで無酸素性（乳酸性）エネルギーの供給なしに運動を行えるか（血中乳酸値が継続的に上昇することなしに行うことのできる最高の運動強度）を表している．血中乳酸値は安静時では，体力レベルに関係なく1mmol/L程度である．歩行（30～40%$\dot{V}O_2max$）からジョギング（50～60%$\dot{V}O_2max$）さらにランニング（60%$\dot{V}O_2max$以上）と徐々にペースを上げていくと，血中乳酸値も徐々に上がっていく．しかし，一般的には血中乳酸値が2mmol/Lとなる運動強度あたりを閾（しきい）に乳酸の蓄積速度がやや急になる．また，この時，血液中の乳酸の一部は重炭酸緩衝作用によりCO_2と水素イオン（H^+）となるため，CO_2の増加により呼吸が促進され換気量の増加も著しくなる．この時の運動強度を，血中乳酸値を指標としてみた場合を乳酸性閾値（lactate threshold：LT），換気量を指標としてみた場合を換気性閾値（ventilatory threshold：VT）と呼ぶ（LTとVTの運動強度は生理的応答の時差などから若干異なる）．一般成人では，$\dot{V}O_2max$の50～60%程度の運動強度がATレベルとなることが普通であるが，マラソンなど持久的種目の選手のATは，$\dot{V}O_2max$の70～80%の強度，顕著な例では85%に近いレベルとなることもある．

この乳酸は心筋や骨格筋（おもにSO線維）で使われたり，また肝臓でグリコーゲンに還元されることで除去される．体力レベルによる個人差はあるものの血中乳酸値が4mmol/Lとなる運動強度が，乳酸のつくられる量と除去される量のバランスがとれる最高の強度とされ，OBLAと呼ばれている．運動強度が高くなるほどつくられる乳酸の量は多くなるので，乳酸をたくさん除去できるほどATが高いということになる．有酸素的なエネルギー供給能力の上

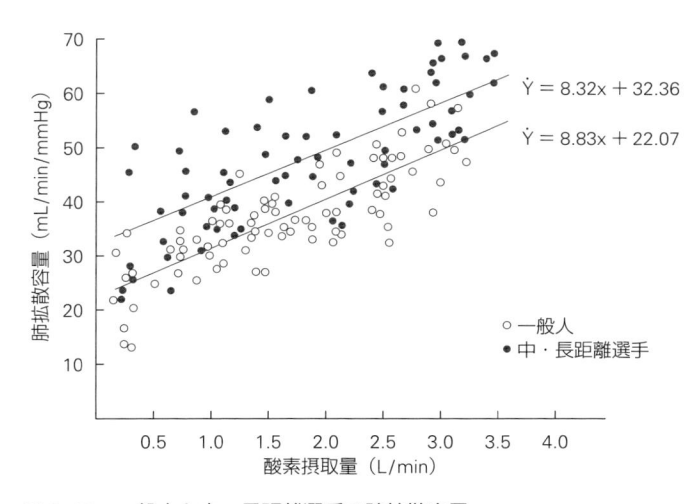

図9-15 一般人と中・長距離選手の肺拡散容量
(山地啓司ほか：有酸素的作業能力の一因子としての肺拡散能．体育学研究，17：7-16，1972)

限を示す$\dot{V}O_2max$が低くてもATが高ければ，強度の高い運動を持続することができるわけである．実際，$\dot{V}O_2max$があまり高くない選手（70mL／kg／min程度）が，五輪の男子マラソンで優勝した例もある．

以上のことから，有酸素性パワーのトレーニングとは，$\dot{V}O_2max$（の決定要因）を向上させるトレーニングと，高いレベルの運動強度を維持するATレベルの改善のトレーニングに集約される．

なお，陸上の800mから10,000mのような中長距離種目において，オーバーペースでペースダウンを余儀なくされるのは，乳酸の蓄積による代謝性（運動性）アシドーシス（pHの低下）が原因となることが多い．しかし，フルマラソンのような長時間運動でのペースダウンは，その時の血中乳酸値から，乳酸の蓄積によるものだけではなく，グリコーゲン等のエネルギー源の枯渇や筋疲労（筋のダメージ）が要因となっていることのほうが多いようである．

2）有酸素性パワートレーニングの効果

有酸素性パワーのトレーニングは，$\dot{V}O_2max$の決定要因に影響を及ぼす．まず，肺においては最大換気量（宮村，1994）と肺拡散能力の向上（**図9-15**）（山地，1972）が起こる．酸素運搬能力である血液のヘモグロビン濃度についてみると，必ずしもマラソン選手のヘモグロビン量が多いとは限らない．これは，トレーニング量が多いために赤血球破壊や発汗による鉄分の損失などが原因と考えられる．そこで，近年では後述の高所トレーニングによってヘモグロビン濃度を高めることが持久系の一流選手にとって不可欠となってき

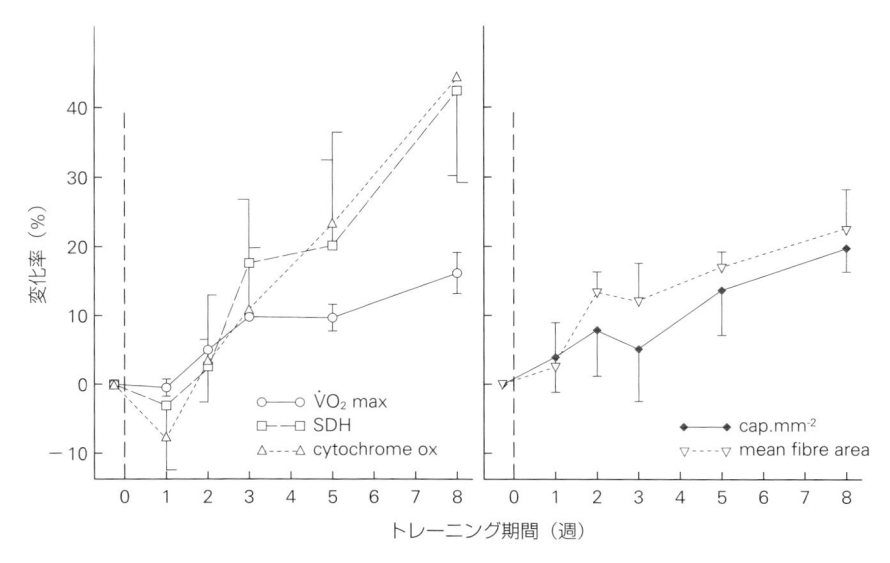

図9–16 トレーニングに伴う最大酸素摂取量（$\dot{V}O_2$max），筋の酸化系酵素活性（コハク酸脱水素酵素：SDH，チトクローム酸化酵素：cytochrome ox.），毛細血管密度（cap.mm^{-2}），平均筋線維断面積（mean fiber area）の変化
（Andersen P, et al.: Training induced changes in the subgroups of human type II skeletal muscle fibers. Acta Physiol Scand, 99: 123-125, 1977）

ている．

　心臓に対するトレーニング効果としては，心拡大（スポーツ心臓：図3–14）や心拍出量の増加があげられる．この要因として，特に一回拍出量の規定因子である左心室の容積の増加および末梢血管抵抗の低下があげられる（加賀谷ほか，1994）．

　また，SO線維ではグリコーゲンや脂肪などを水と二酸化炭素に分解する酸化系の酵素や毛細血管が多い（表2–5参照）．これらの筋の特性にかかわる持久的トレーニングの効果として，コハク酸脱水素酵素やクエン酸シンターゼなど酸化系酵素の増加による筋グリコーゲンの有酸素的分解能の向上（Andersenほか，1977）や毛細血管密度が増大（Denisほか，1982）して，筋の酸素摂取能力が高くなることが明らかにされている（図9–16）．

　また，Denisほか（1982）は，$\dot{V}O_2$maxの有意な増加を伴わずに作業成績（9分間走の走行距離）が有意に向上したことを報告しており，$\dot{V}O_2$maxの増加を伴わないATレベルの向上（乳酸生成率の低下および除去率の向上，経済性（ランニング技術）の向上）も有酸素性パワーのトレーニング効果として起こる．さらに，有酸素性パワーのトレーニングは，暑熱順化にも役立つ．トレーニングを継続していると，深部体温が低い段階から発汗が始まり，体温や心拍数の上昇を抑えるような適応が起こる（Gisolfiほか，1977）．

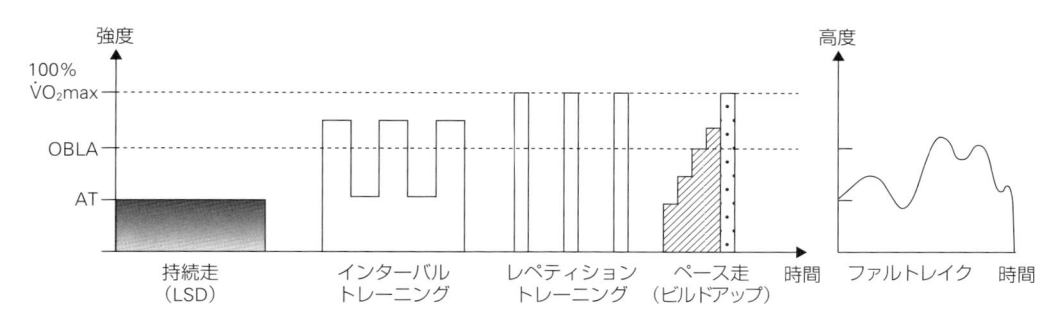

図9-17 有酸素パワートレーニングの種類

3）有酸素性パワートレーニングの種類・方法

　有酸素性パワーは長時間運動を持続する能力である．したがって，この有酸素性パワーを高めるためのトレーニングの基本は，量の確保にある．有酸素性パワーのトレーニングとして以下のような方法がある（**図9-17**）．

　持続走（long slow distance：LSD）は，ATレベルあるいはそれ以下の強度で行う一定ペースのランニング（ジョギング）である．長距離走を専門とする選手なら2時間程度，球技などの選手ならば1時間以上行わなければLSDの効果は得られない．

　インターバルトレーニングは，ATレベル以上の高強度の運動を，低強度の運動をはさんで反復するトレーニングであるが，運動強度と運動時間や休息時間の組み合わせは多種多様である．一定強度の運動を持続する持久系種目の選手が頻繁に行うOBLA程度までの強度のエアロビック・インターバルトレーニングと，競技中にダッシュを繰り返すことが必要な球技選手などが行う乳酸を蓄積させるアネロビック・インターバルトレーニングがある．これらは，レースペースでの経済性の向上，ATの向上に効果がある．

　レペティショントレーニングは，エアロビック・インターバルトレーニングより運動強度は高く，インターバルは完全休息で長く，反復回数は少ないというトレーニング方法である．相当な乳酸の蓄積を伴い，身体的負荷も大きいトレーニングとなる．アネロビック・インターバルトレーニングのつなぎを完全休息にしたものである．

　ペース走（ビルドアップ）は長距離選手が頻繁に行うトレーニングで，乳酸がほとんど蓄積しない強度からATレベル，そしてOBLA程度の強度（あるいはそれ以上）まで次第にペースを上げていく方法である．

　ファルトレイクは，起伏のある丘陵地を利用したトレーニングで，上り坂では心肺機能に負担をかけ，下り坂では脚のエキセントリックな収縮が助長されるため，総合的なトレーニング効果が得られ，

実際のマラソンレースやクロスカントリーレースのトレーニングとなる．

　高所トレーニングは，上述の区分けと異なり，どこでトレーニングを行うかである．トップクラスの長距離選手では重要な試合に向けて高所トレーニングを行うことが一般的になっている．日本の選手になじみの深いコロラドなどの 2,000m 程度の高地では，酸素濃度は平地の約 21% に対し 16% 程度しかない．このため，高所順化による酸素運搬系機能の向上（ヘモグロビンの増加）がみられる．シドニー五輪で優勝した高橋尚子選手が，3,500m という富士山とほぼ同じ高さ（酸素濃度は 13% 程度）でトレーニングしたことは有名である．

　長距離選手や球技系選手における長期的トレーニング計画では，まず LSD とペース走を中心に走行距離を増やし，ベースとなる持久力（基礎体力）を養成する．ただし，LSD トレーニングは実際のレースや競技よりも運動強度が低いため，引き続きインターバル，レペティショントレーニングなどの割合の多い，量より質を重視したトレーニングに移行するのが基本的な考え方である．ただし，高所において LSD やインターバルトレーニングをどのように組み合わせるのかについては，その方法は十分に確立されていない．その理由として，高所順化は個人差が大きく，またその場所の酸素濃度も（高山病などの危険も含め）考慮する必要があるため，ガイドラインが作りづらい点があげられる．医療スタッフの帯同も含め，慎重に対処しなければならない．

4）健康の保持増進のための有酸素運動

　アメリカスポーツ医学会（ACSM）は，健康の保持増進，体力向上，ウエイトコントロールのために必要な運動強度，時間，頻度を次のように示している（アメリカスポーツ医学会，2004）．

（1）運動強度

　運動強度は $\dot{V}O_2max$ の 60〜90%，あるいは心拍数予備（heart rate reserve：HRR ＝最高心拍数－安静心拍数）の 45〜85% の運動を提唱している．ただし，$\dot{V}O_2max$ を実際のトレーニング強度の基準に利用することは難しい．もっとも簡便な方法は，年齢から最高心拍数（HRmax）を推定し，そこから算出された目標心拍数域での運動を継続することである．表9-1 に，年齢，推定最高心拍数と，一般的な運動継続時間や安全性も考慮した目標心拍数域である 60〜80%HRR を示した．なお，年齢からの推定最高心拍数は表下に示した推定式を用い（220－年齢という，より簡便な計算法もある），安静心拍数は年齢に関係なく 60 拍/分とした．

表 9-1　年齢ごとの推定最高心拍数と目標心拍数域

年齢	男性			女性		
(歳)	HRmax	80%HRR	60%HRR	HRmax	80%HRR	60%HRR
20	195	168	141	190	164	138
25	192	165	139	186	161	136
30	188	163	137	183	158	134
35	185	160	135	179	155	131
40	181	157	133	175	152	129
45	178	154	131	171	149	127
50	175	152	129	168	146	125
55	171	149	127	164	143	122
60	168	146	125	160	140	120
65	164	143	122	156	137	118
70	161	141	120	153	134	116

最高心拍数（HRmax）　　　　　　　　　　　　　　　　　　　　（拍／分）
　男性：209－0.69×年齢
　女性：205－0.75×年齢
安静心拍数：男女とも年齢に関係なく安静心拍数60拍／分として算出

表 9-2　各種運動での METs と消費エネルギー

項目	速度	METs	消費エネルギー (kcal)
ウォーキング	3km/h	2.4	146
	4km/h	2.9	174
	5km/h	3.4	203
ジョギング	6km/h	6.7	403
	8km/h	8.6	517
	10km/h	10.5	631
ランニング	12km/h	12.4	746
	15km/h	15.3	917
	20km/h	20.0	1,203
自転車エルゴメータ	100watt	5.8	349
	150watt	8.7	524
	200watt	11.6	698
	250watt	14.5	873
	300watt	17.5	1,047

ウォーキング，ジョギング，ランニングは中野（1996）より算出

　例：40歳男性の HRmax ＝ 209－0.69×40 ＝ 181
　　　80%HRR ＝（181－60）×0.80＋60 ＝ 157

　ただし，最高心拍数，安静心拍数とも個人差が大きいため，少なくとも安静心拍数は実測して目標心拍数を計算すべきである．あるいは，これからトレーニングを開始する一般成人であれば，**表 9-2**（**表 3-4** も参照のこと）に示した 6〜8METs 程度の運動が目標となろう．METs とは，その運動での酸素需要量を安静時の酸素消費量で割ったものであり，運動自体が安静時の何倍のエネルギーを必要としているかを示しており，消費エネルギーの算出を容易とする．

（2）運動時間

ACSMは，最低でも10分以上続ける運動の1日の総量が，20分から60分となることを推奨している．ただしこれは，前述したHRRの45%ならば60分，85%ならば20分を指しており，安全性や消費エネルギー等を考慮した表9-1の目標心拍数域であれば，20～30分程度の運動時間が必要である．そして，全身持久力の増大にあわせて徐々に運動時間を増やしていくことが推奨される．なお，この運動時間にウォーミングアップやクーリングダウンは含まれない．

（3）頻　度

ACSMは，5METs以上の強度であれば週3～5回の運動を提唱している．これ以上回数を増やしても，さらなるトレーニング効果は期待できず，逆にスポーツ障害の危険が増すことになる．なお，5METs以下の運動であれば毎日行うことに問題はない．

5）消費エネルギー

表9-2に各種運動でのMETsと消費エネルギーを示した．ウォーキングは分速1mにつき酸素需要量は0.1mL/kg，ジョギング以上では，同0.2mL/kgとして算出した（中野，1996）．また，自転車エルゴメータでのMETsは体重によって異なるため，60kgの例を示した（METsに60/体重を乗ずれば補正できる）．METsに体重を乗じると，1時間続けた場合のおおよその消費エネルギーとなる．表9-2の消費エネルギーは体重60kgでの例である．

METs×体重（kg）＝1時間当たりの消費エネルギー（kcal）
消費エネルギー（kcal）＝1時間当たりの消費エネルギー×運動時間（分）÷60
脂肪燃焼量（g）＝消費エネルギー÷8

なお，脂肪は1gで9kcalのエネルギーとなるが，約10%の水分も含んでいるため，消費エネルギーを8kcalで割ると脂肪の燃焼量となる．また，茶碗一膳のご飯は200～250kcalである．

参考文献

1) アメリカスポーツ医学会編（日本体力医学会体力科学編集委員会監訳）：運動処方の指針―運動負荷試験と運動プログラム―第6版．pp134-163，南江堂，2004．
2) Andersen P, et al.: Training induced changes in the subgroups of human type Ⅱ skeletal muscle fibers. Acta Physiol Scand, 99: 123-125, 1977.
3) Bell GJ, et al.: Effect of high velocity resistance training on peak torque, cross sectional area and myofibrillar ATPase activity. J Sports Med phys Fitness, 32: 10-18, 1992.
4) Coyle EF, et al.: Specificity of power improvements through slow and fast isokinetic training. J Appl Physiol, 51: 1437-1442, 1981.
5) Costill DL, et al.: Adaptations in skeletal muscle following strength

training. J Appl Physiol, 46: 96-99, 1979.
6) David BS, et al.: Effect of resitance training volume on strength and muscle thickness. Med Sci Sports Exerc, 28: 1311-1320, 1996.
7) Denis C, et al.: Effect of 40 weeks of endurance training on the anaerobic threshold. Int J Sports Med, 3: 208-214, 1982.
8) Dodd S, et al.: : Blood lactate disappearance at various intensities of recovery exercise. J Appl Physiol, 57: 1462-1465, 1984.
9) 福永哲夫：ヒトの絶対筋力．杏林書院，1978．
10) Gisolfi CV, et al.: Work-heat tolerance of distance runners. In: Milvy P ed, The Marathon: Physiological, Epidemiological, and Psychological Studies, pp139-150, The New York Academy of Sciences, 1977.
11) 猪飼道夫ほか：動作の敏捷性．体育の科学，15：149-156，1965．
12) 猪飼道夫ほか：最大毎分心拍出量の比較．体育学研究，14：175-183，1970．
13) 池上晴夫：スポーツ医学Ⅰ―病気と運動―．朝倉書店，1994．
14) 石井直方：レジスタンストレーニングにおける伸張性動作の生理学的意義．トレーニング科学，5：7-10，1993．
15) 加賀谷淳子：エンデュランストレーニングの医科学．トレーニング科学研究会編，エンデュランストレーニング，pp130-139，朝倉書店，1994．
16) 加賀谷熙彦ほか：マラソンランナーの最大酸素摂取量とAT．J J Sports Sci, 8: 718-726，1989．
17) 金久博昭：anaerobicsのトレーニング．J J Sports Sci, 13: 575-599，1994．
18) 金子公宥ほか：人体筋の力・速度・パワー関係に及ぼすトレーニング効果．体力科学，30：86-93，1981．
19) 金子公宥：パワーアップの科学．朝倉書店，1988．
20) Keith SP, et al.: Adaptations to training at the individual anaerobic threshold. Eur J Appl Physiol, 65: 316-323, 1992.
21) Linossier MT, et al.: Ergometric and metabolic adaptation to a 5-s sprint training programme. Eur J Appl Physiol, 67: 408-414, 1993.
22) MacDougall JD, et al.: Biochemical adaptation of human skeletal muscle to heavy resistance training and immobilization. J Appl Physiol, 43: 700-703, 1977.
23) 松尾彰文：アイソメトリックスとウェイトトレーニング．浅見敏雄ほか編，現代体育・スポーツ体系第8巻 トレーニングの科学，pp148-172，講談社，1984．
24) 宮村実晴：呼吸と持久力．石河利寛ほか編，持久力の科学，pp82-119，杏林書院，1994．
25) 中村好男ほか：エネルギー供給機構からみた無酸素パワートレーニングの運動時間―7秒および30秒間の全力ペダリング駆動トレーニングの特異的効果―．体力科学，34：133，1985．
26) 中野昭一：図説・運動の仕組みと応用 第2版．医歯薬出版，1996．
27) 琉子友男ほか：Isokinetic作業時のpeak torqueに及ぼす筋線維比率および筋断面積の影響．体育学研究，27：135-142，1982．
28) 佐々木公枝ほか：陸上中・長距離種目の競技記録と有酸素性・無酸素性パワーとの関係．第17回トレーニング科学研究会発表資料，2004．
29) Tabata I, et al.: Effects of moderate-intensity endurance and high-intensity intermittent training on anaerobic capacity and $\dot{V}o_2$max. Med Sci Sports Exerc, 28: 1327-1330, 1996.
30) 若山章信ほか：乳酸性パワーを向上させるためのトレーニング法の確立．デサントスポーツ科学，18：112-119，1996．
31) 山田 茂ほか：生化学，生理学からみた骨格筋に対するトレーニング効果 第2版．ナップ，2003．
32) 山地啓司ほか：有酸素的作業能力の一因子としての肺拡散能．体育学研究，17：7-16，1972．
33) 山本正嘉：AnaerobicとAerobicの二面性をもつ運動をとらえる．J J

Sports Sci, 13: 607-615, 1994.
34) (財)スポーツ医・科学研究所編：一流スポーツ選手の競技力向上の為の総合体力診断システムの開発とその種目別実用に関する研究（第4報）．1995.

資料　骨格と筋

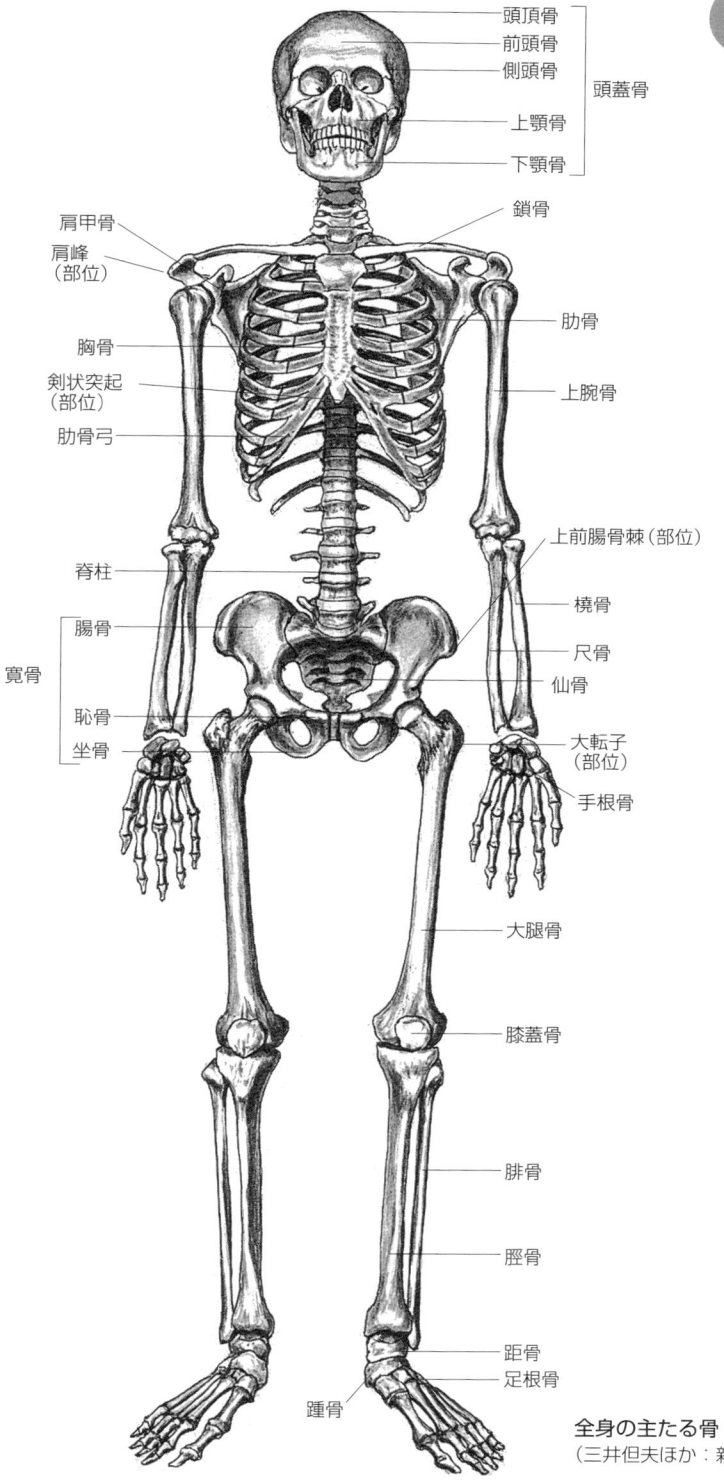

全身の主たる骨
（三井但夫ほか：新版　岡嶋解剖学．杏林書院，1986）

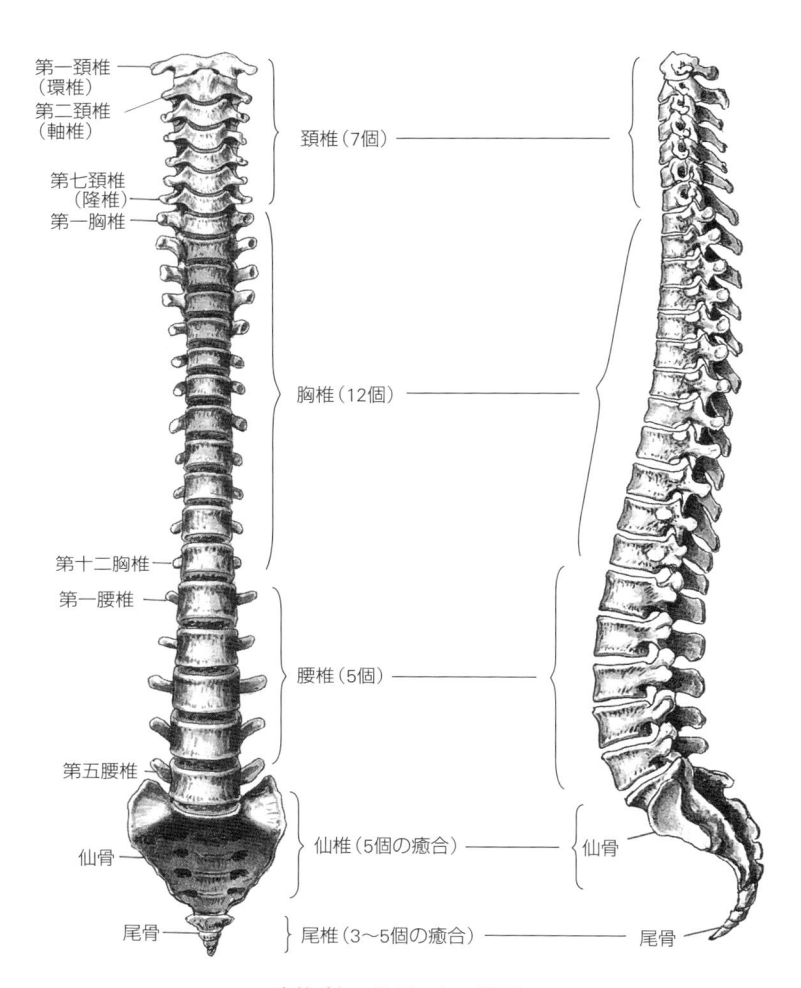

脊柱（左：前面，右：側面）
（三井但夫ほか：新版　岡嶋解剖学．杏林書院，1986）

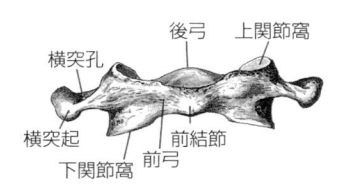

資料　骨格と筋　　127

環椎，前面 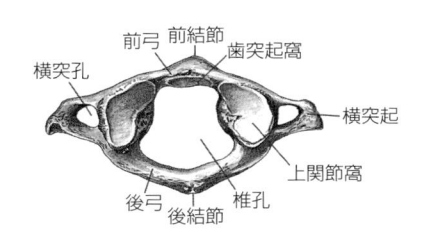　　　　　　　　　　　環椎，上面

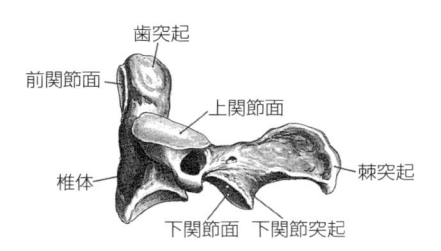

軸椎，側面 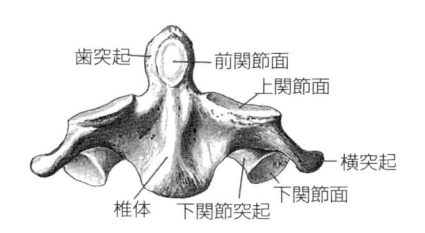　　　　　　　　　　　軸椎，前面

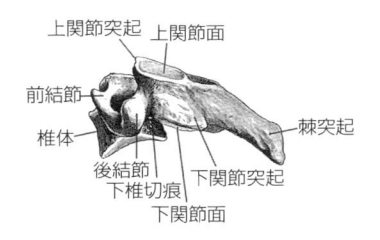

頚椎，側面　　　　　　　　　　　頚椎，上面

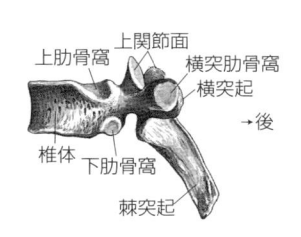

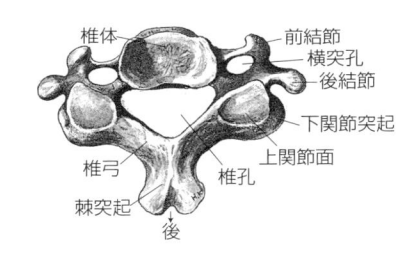

胸椎，側面 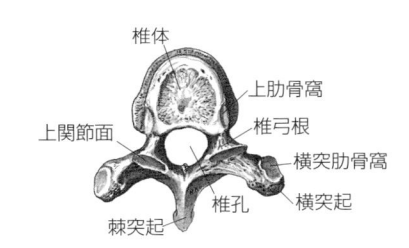　　　　　　　　　　　胸椎，上面

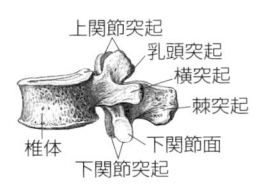

腰椎，側面 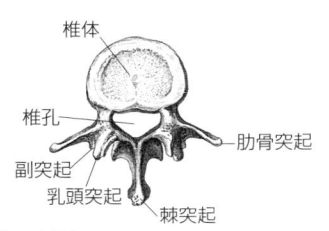　　　　　　　　　　　腰椎，上面

（三井但夫ほか：新版　岡嶋解剖学．杏林書院，1986 を一部改変）

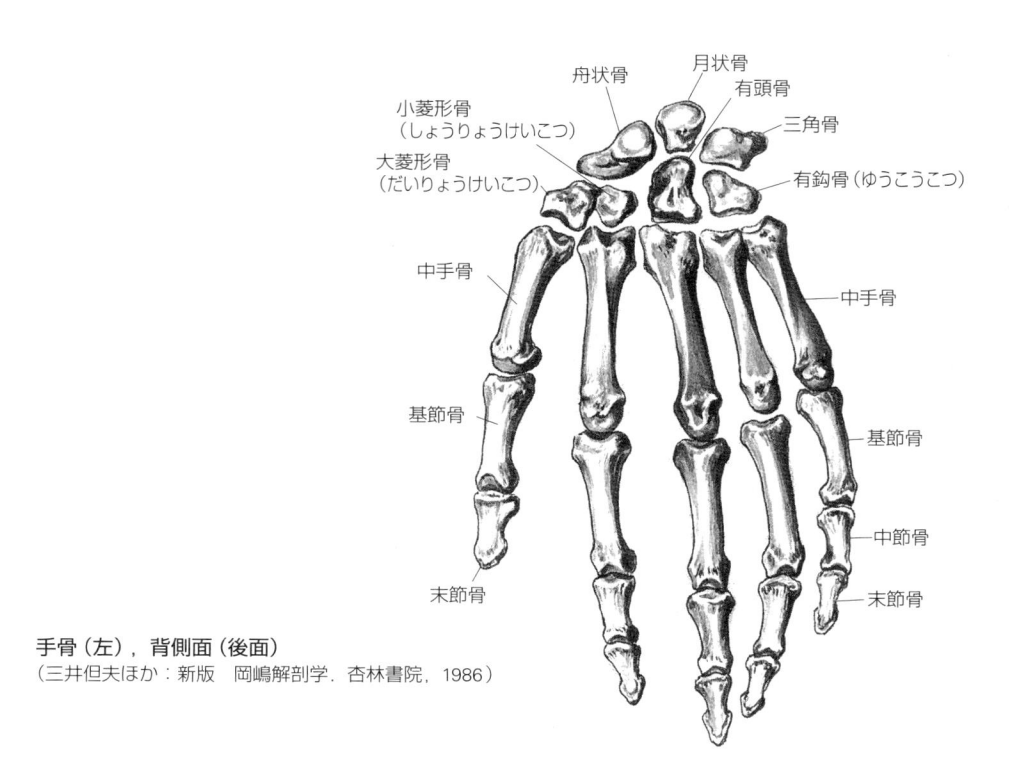

手骨（左），背側面（後面）
（三井但夫ほか：新版 岡嶋解剖学．杏林書院，1986）

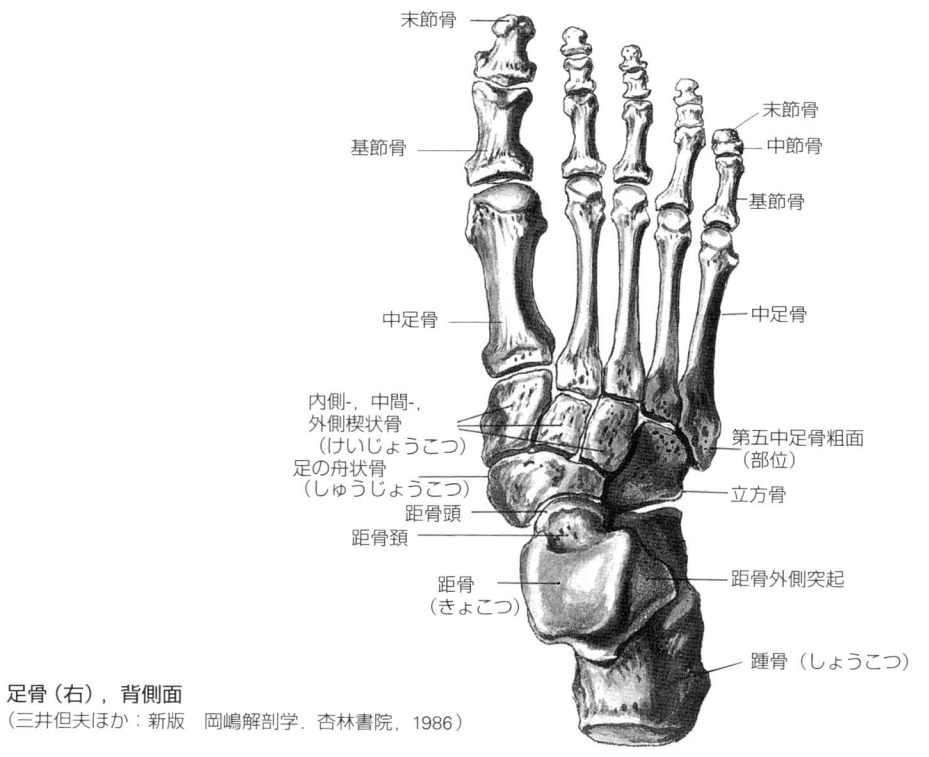

足骨（右），背側面
（三井但夫ほか：新版 岡嶋解剖学．杏林書院，1986）

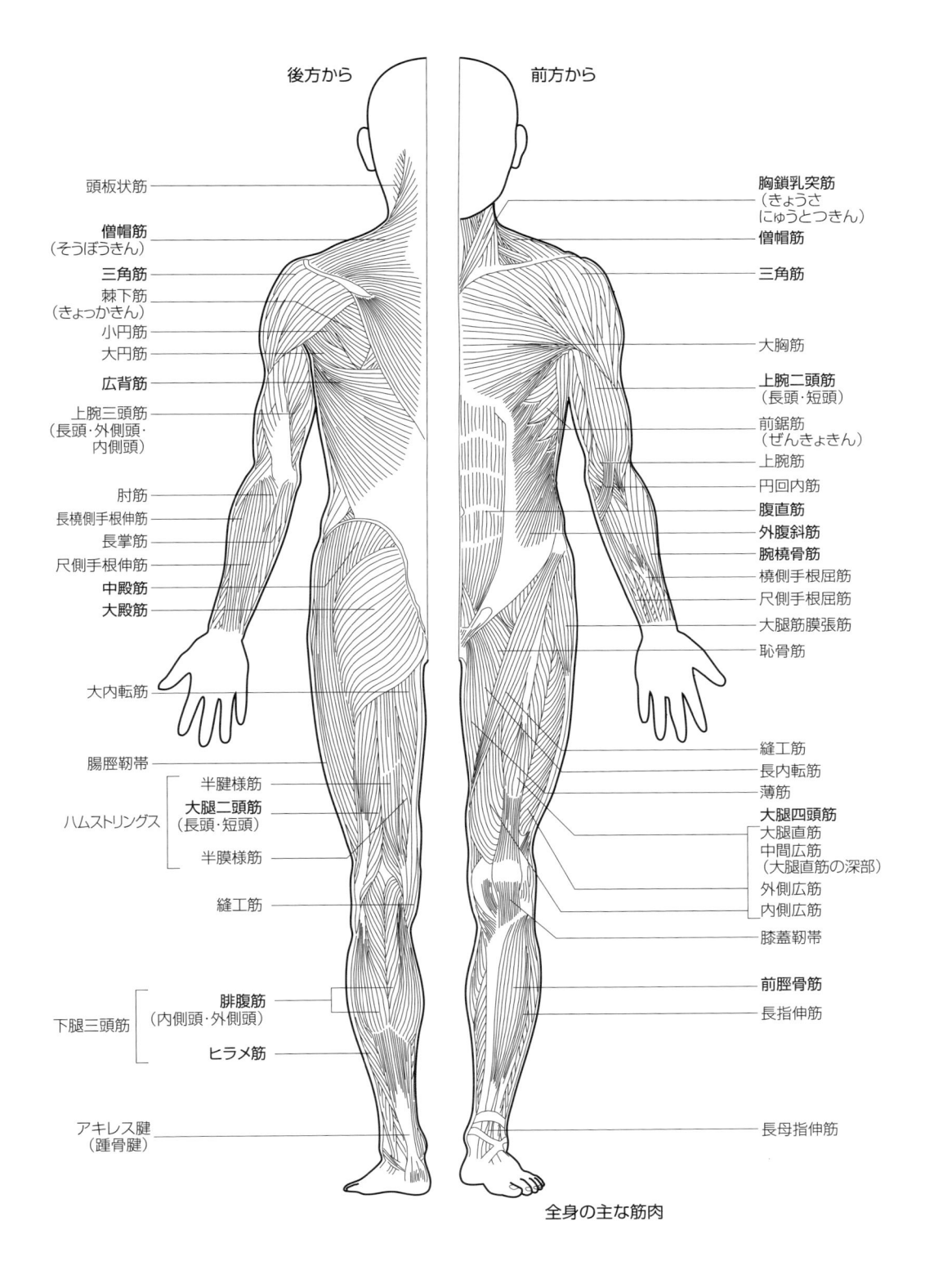

資料　骨格と筋　129

後方から　　前方から

頭板状筋
僧帽筋
（そうぼうきん）
三角筋
棘下筋
（きょっかきん）
小円筋
大円筋
広背筋
上腕三頭筋
（長頭・外側頭・内側頭）
肘筋
長橈側手根伸筋
長掌筋
尺側手根伸筋
中殿筋
大殿筋
大内転筋
腸脛靭帯
半腱様筋
大腿二頭筋
（長頭・短頭）
ハムストリングス
半膜様筋
縫工筋
下腿三頭筋
腓腹筋
（内側頭・外側頭）
ヒラメ筋
アキレス腱
（踵骨腱）

胸鎖乳突筋
（きょうさにゅうとつきん）
僧帽筋
三角筋
大胸筋
上腕二頭筋
（長頭・短頭）
前鋸筋
（ぜんきょきん）
上腕筋
円回内筋
腹直筋
外腹斜筋
腕橈骨筋
橈側手根屈筋
尺側手根屈筋
大腿筋膜張筋
恥骨筋
縫工筋
長内転筋
薄筋
大腿四頭筋
大腿直筋
中間広筋
（大腿直筋の深部）
外側広筋
内側広筋
膝蓋靭帯
前脛骨筋
長指伸筋
長母指伸筋

全身の主な筋肉

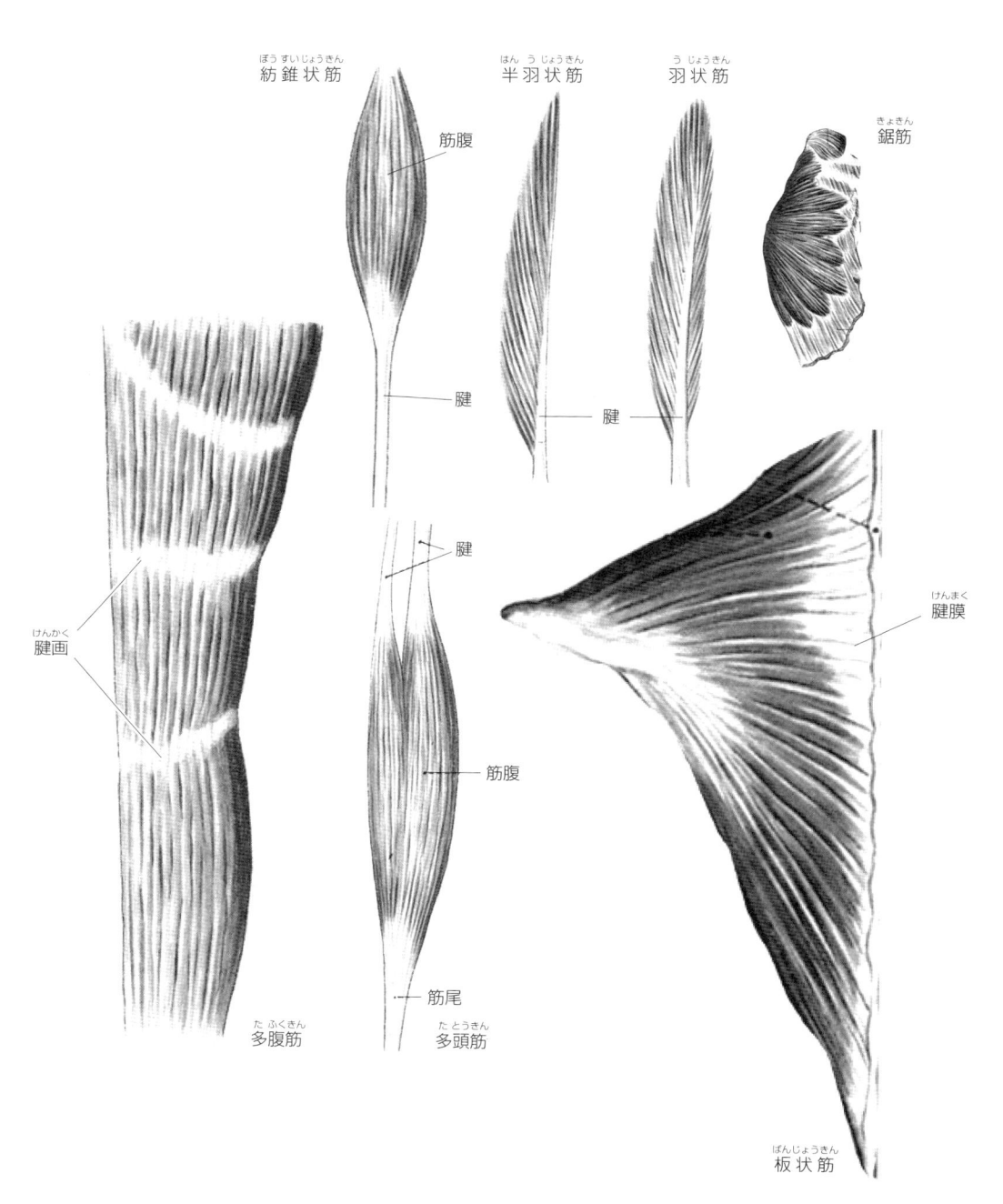

紡錘状筋（ぼうすいじょうきん）
筋腹
腱

半羽状筋（はんうじょうきん）
羽状筋（うじょうきん）
腱

鋸筋（きょきん）

腱画（けんかく）
多腹筋（たふくきん）

腱
筋腹
筋尾
多頭筋（たとうきん）

腱膜（けんまく）
板状筋（ばんじょうきん）

筋の形状

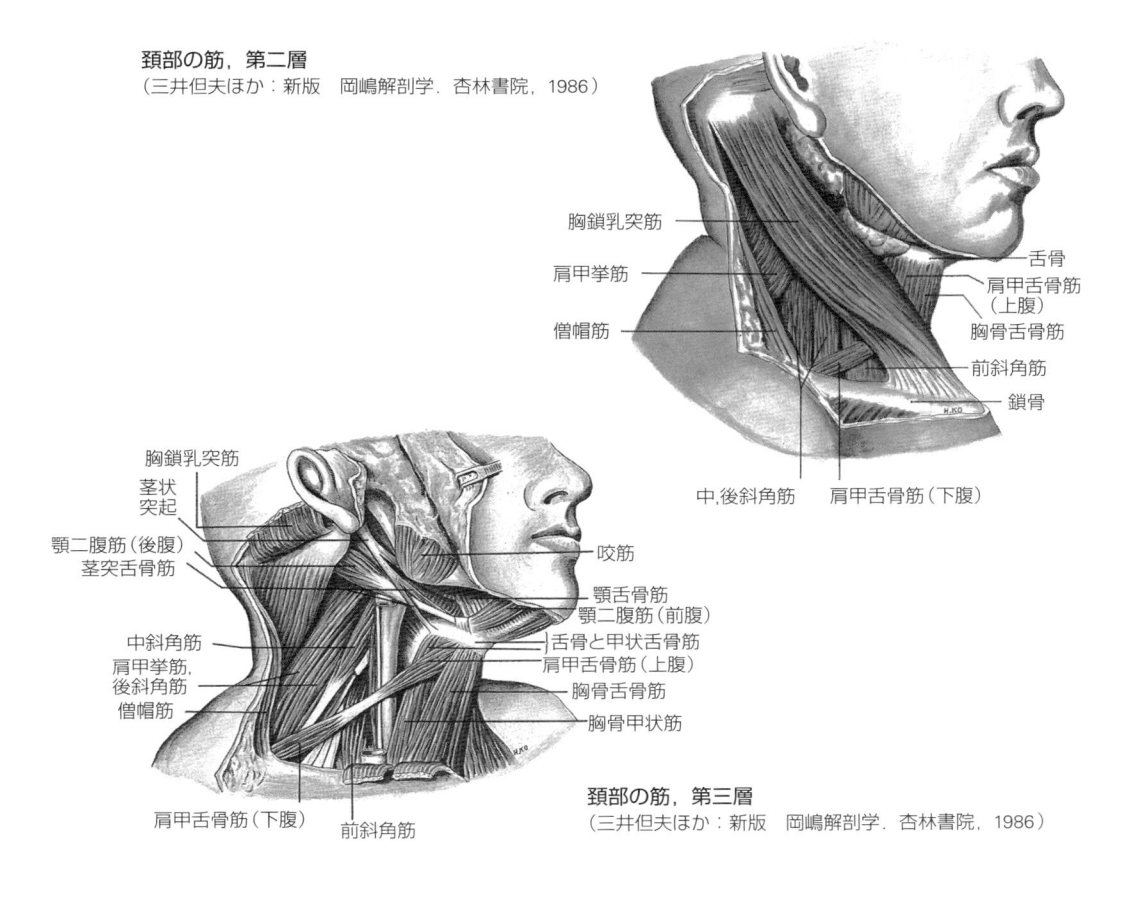

頚部の筋，第二層
(三井但夫ほか：新版 岡嶋解剖学．杏林書院，1986)

頚部の筋，第三層
(三井但夫ほか：新版 岡嶋解剖学．杏林書院，1986)

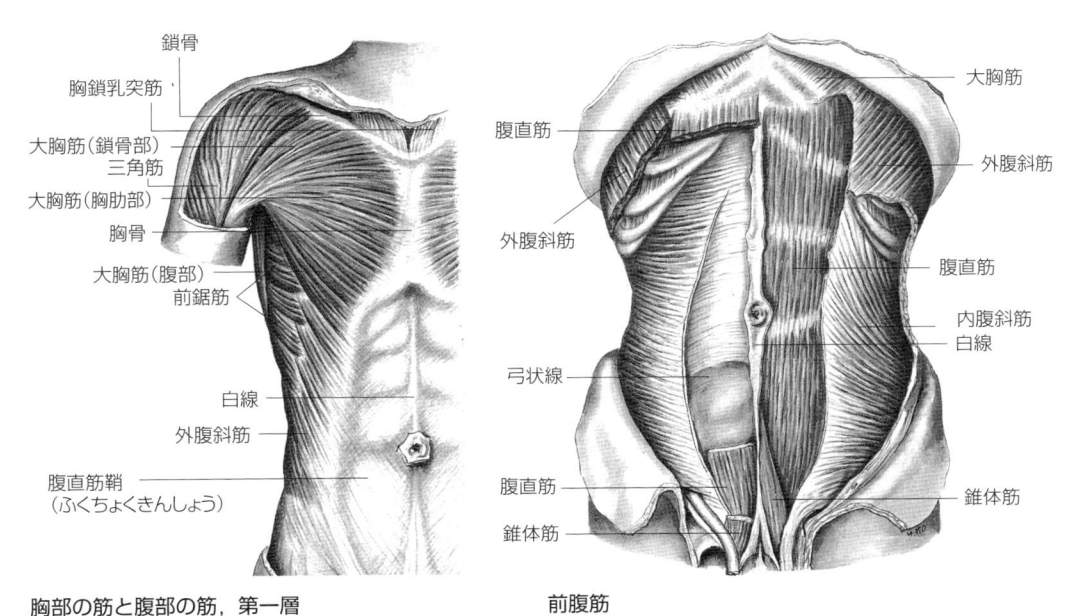

胸部の筋と腹部の筋，第一層
(三井但夫ほか：新版 岡嶋解剖学．杏林書院，1986)

前腹筋
(三井但夫ほか：新版 岡嶋解剖学．杏林書院，1986)

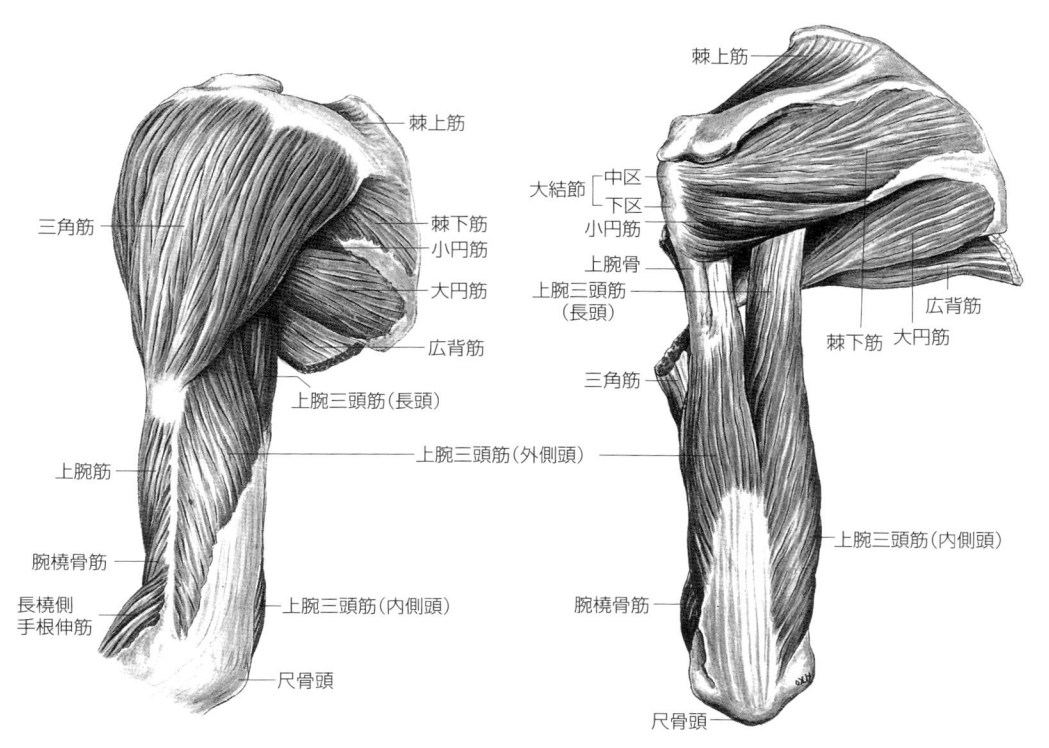

肩の筋と上腕の筋（左後外側面）
(三井但夫ほか：新版　岡嶋解剖学．杏林書院，1986)

肩の筋と上腕の筋（左後面（三角筋を除く））
(三井但夫ほか：新版　岡嶋解剖学．杏林書院，1986)

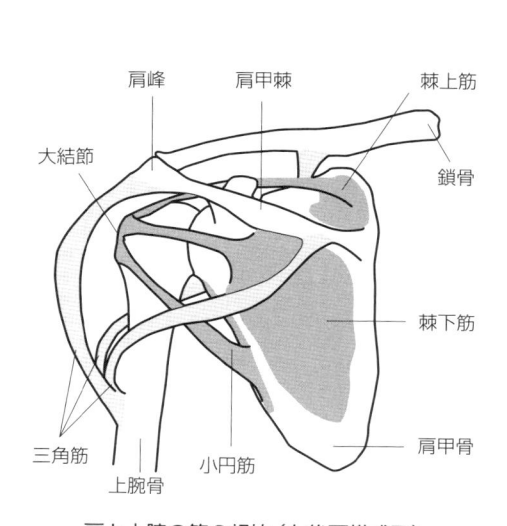

肩と上腕の筋の起始（左後面模式図）

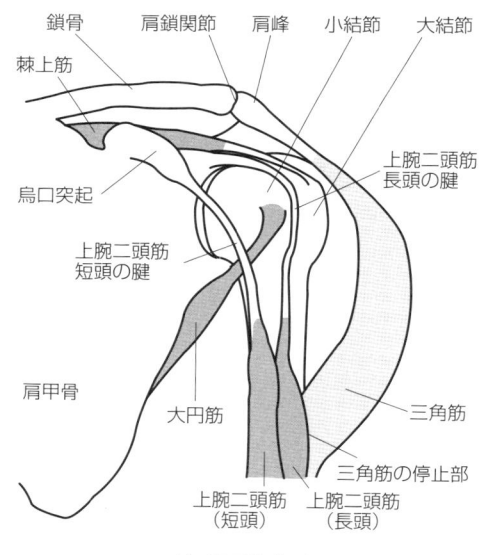

（左前面模式図）

背部の筋（模式図）

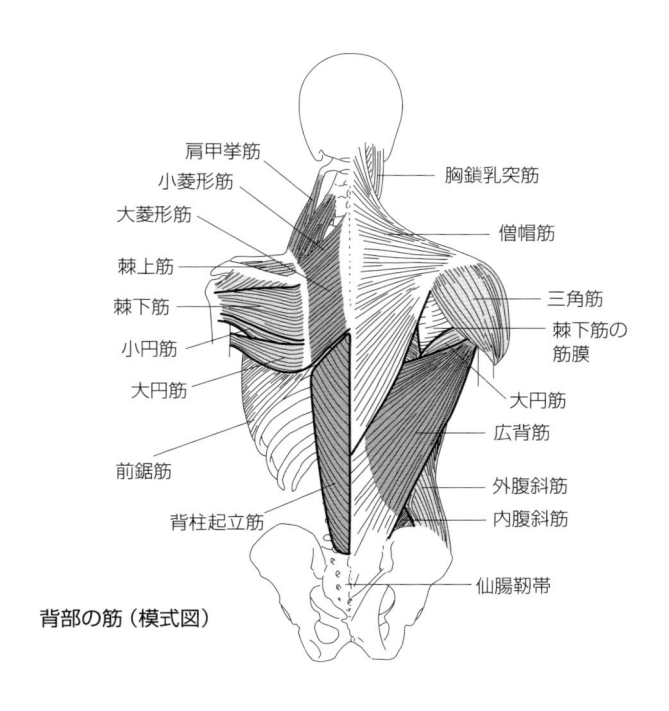

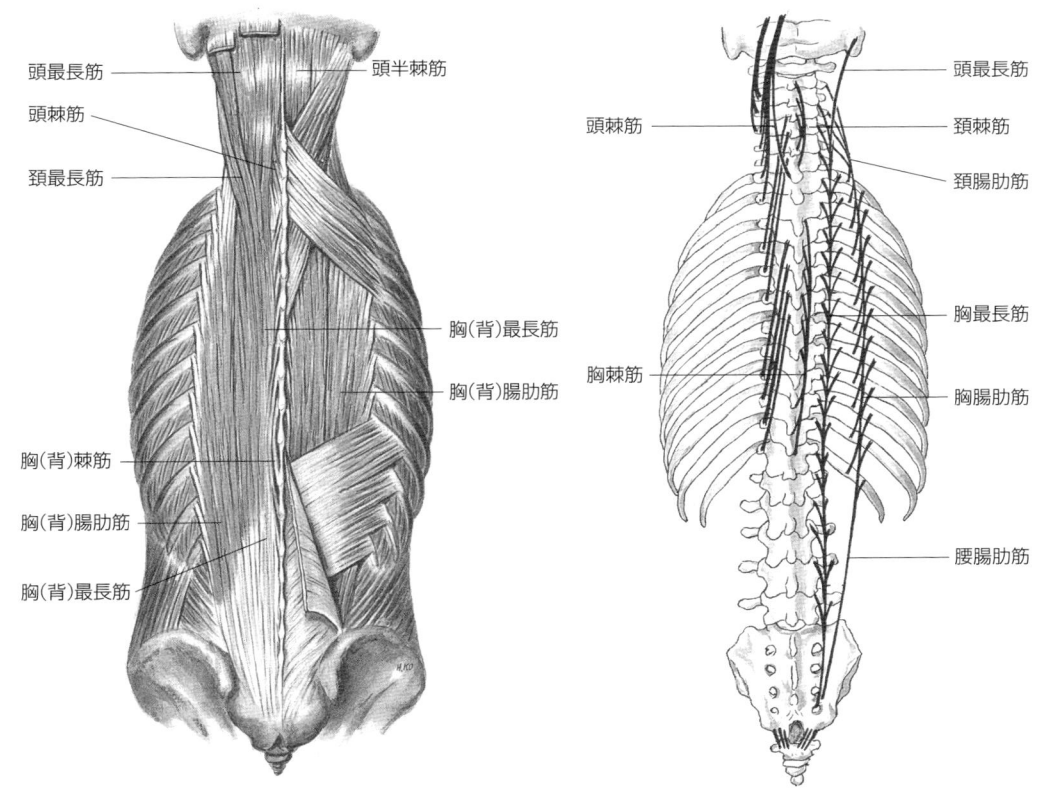

脊柱起立筋（体幹背部）の構成筋
（三井但夫ほか：新版 岡嶋解剖学．杏林書院，1986）

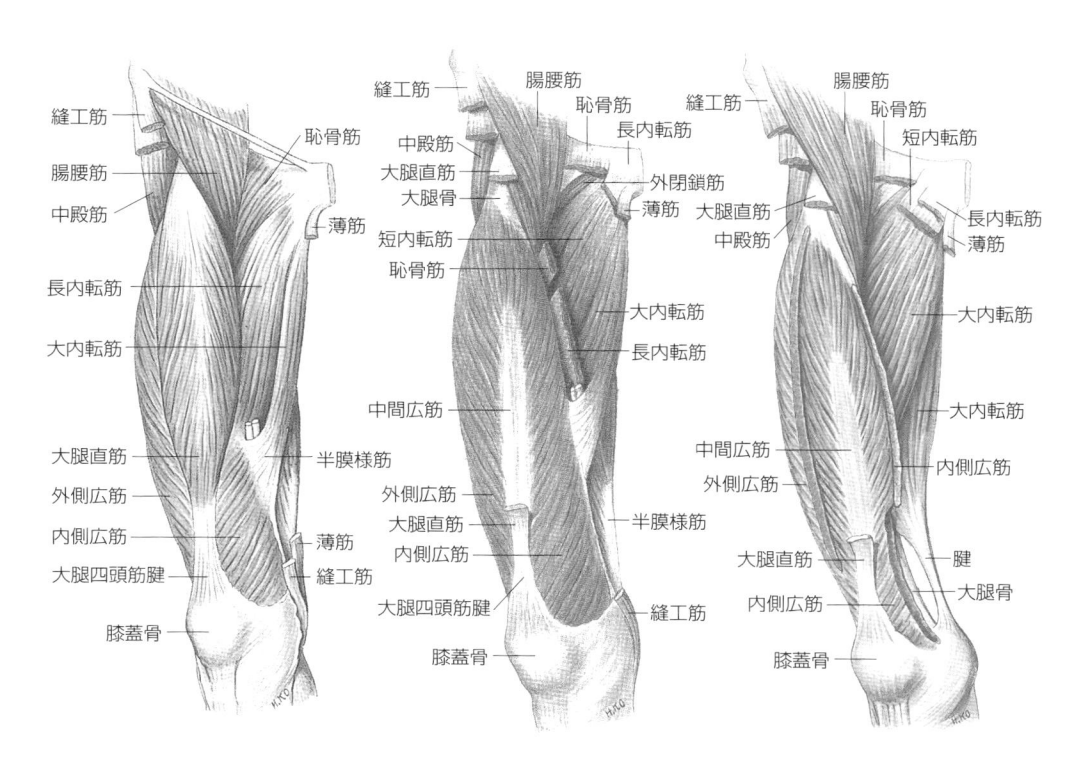

大腿の前側筋と内側筋（三井但夫ほか：新版　岡嶋解剖学．杏林書院，1986）

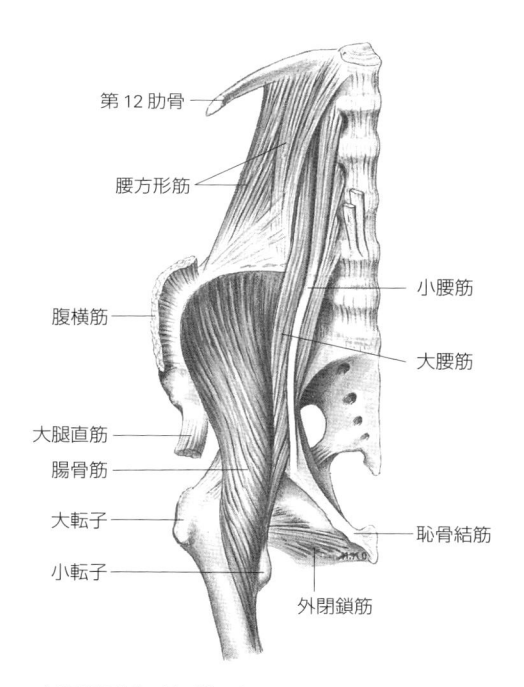

大腿腸腰部の筋（前面）
（三井但夫ほか：新版　岡嶋解剖学．杏林書院，1986）

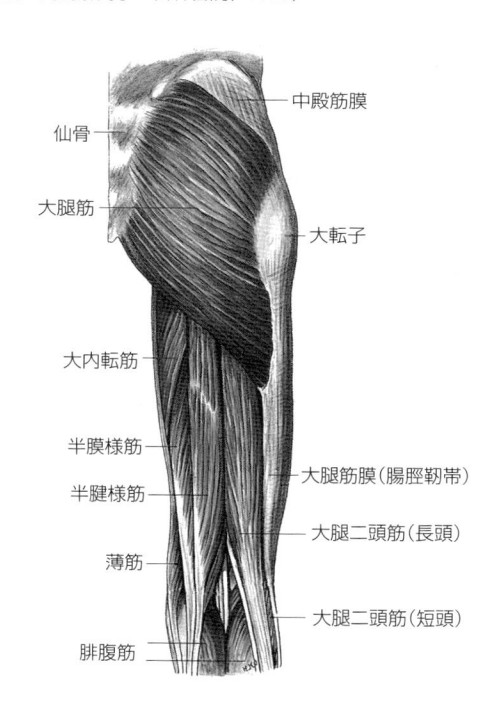

大腿後側筋（第一層）
（三井但夫ほか：新版　岡嶋解剖学．杏林書院，1986）

資料　SI単位

● SI基本単位

物理量	名称	記号
長さ	メートル	m
質量	キログラム	kg
時間	秒	s
電流	アンペア	A
温度	ケルビン	K
物質量	モル	mol
光度	カンデラ	cd

● SI補助単位

量	記号	名称	定義
平面角	rad	ラジアン	2π rad＝360度（deg），1rad≒57.3deg

● SI誘導単位の例

物理量	名称	記号	定義
力	ニュートン	N	1kg重＝9.8N
圧力	パスカル	Pa	$1Pa=1N/m^2$
エネルギー	ジュール	J	$1J=1N\cdot m$
仕事率	ワット	W	$1W=1J/s=1N\cdot m/s$
電位	ボルト	V	$1V=1W/A$
電気抵抗	オーム	Ω	$1\Omega=1V/A=1W/A^2$
周波数・振動数	ヘルツ	Hz	$1Hz=1/s$

●基本単位を用いて表されるSI組立単位の例

物理量	名称	記号
面積	平方メートル	m^2
体積	立方メートル	m^3
速さ，速度	メートル毎秒	m/s
加速度	メートル毎秒毎秒	m/s^2
密度（質量密度）	キログラム毎立方メートル	kg/m^3
質量体積（比体積）	立方メートル毎キログラム	m^3/kg
（物質量の）濃度	モル毎立方メートル	mol/m^3

● SI接頭語

テラ	T	10^{12}
ギガ	G	10^9
メガ	M	10^6
キロ	k	10^3
ヘクト	h	10^2
デカ	da	10
デシ	d	10^{-1}
センチ	c	10^{-2}
ミリ	m	10^{-3}
マイクロ	μ	10^{-6}
ナノ	n	10^{-9}
ピコ	p	10^{-12}

● SI基本と併用する非SI単位

量	名称	記号	定義
時間	分	min	60s
	時	h	60min
	日	d	24h
平面角	度	°	$(\pi/180)$ rad $\fallingdotseq$ 1/57.3rad
	分	'	$(1/60)$ °
	秒	"	$(1/60)$ '
体積	リットル	L	1,000mL

● 慣例的に用いられる非SI単位

量	記号	名称	定義
長さ	オングストローム	Å	10^{-10}m
	ミクロン	(μ)	10^{-6}m $= 1\mu$m

● スポーツ科学でよく扱われる量と単位

	量	量記号	SI単位記号または定義
質量	mass	m	kg
運動量	momentum	p	kg·m/s
慣性モーメント	moment of inertia	I, J	kg/m^2
力	force	F	N
重量	gravity・weight	G, W	N
力のモーメント	moment of force	M	N·m
トルク	torque	T	N·m
仕事	work	A, W	J
エネルギー	energy	E, W	J
仕事率	power	P	W
圧力	pressure	mmHg	1気圧 = 760mmHg, = 101,325Pa = 1,013hPa

●栄養素，体脂肪，グリコーゲン酸化の熱量換算値

炭水化物 1g	約 4.1kcal	≒ 17.22kJ
脂質 1g	約 9.3kcal	≒ 39.06kJ
タンパク質 1g	約 4.1kcal	≒ 17.22kJ
体脂肪 1kg	約 7,800kcal	≒ 32.76MJ
酸素 1L でグリコーゲンを酸化（RQ = 1）	約 5,047kcal	≒ 21.20kJ

（カロリーは 1g の水の温度を 1℃ 上昇させるのに必要な熱量）

● SI では取り扱われない単位

量	名称		記号	単位換算	SI 換算
長さ	インチ	inch	in		0.254m
	フット，フィート	foot, feet	ft	12in	0.3048m
	ヤード	yard	yd	3ft	0.9144m
	マイル	mile	mil, mi	5,280ft	1,609.344m
重さ	グラム	gram	g		10^{-3}kg
	ポンド	pound	lb		≒ 0.4536kg
	オンス	ounce	oz		1/16lb ≒ 0.0283kg

索 引

[あ]
アイソキネティックトレーニング　108
アイソトニックトレーニング　107
アイソメトリックトレーニング　107
亜鉛　29
アクチン　15, 72
　　――フィラメント　3
アクトミオシン　73
運動誘発性アシドーシス　72, 73
アスパラギン酸　46, 75
アセチル CoA　43, 46
アセチルコリン　3, 15, 56, 61, 75
アデノシン　62
　　――一リン酸　19
　　――二リン酸　19
　　――三リン酸　19
アドレナリン　53, 54, 56, 58, 61, 75, 79
　　――受容体　56
アネロビクス　22
アミノ酸　41, 46, 74, 75
アラニン　46, 47
アルカリローディング　77
アルギニン　58
アルドステロン　57, 84
α運動ニューロン　9, 10, 11
アンギオテンシノーゲン　57
アンギオテンシン　57, 61
安静代謝量　37
アンドロゲン　53, 56, 67, 93
アンモニア　47, 72

イオンチャネル　53
イソロイシン　41, 46
一回換気量　24, 25, 26
一回心拍出量　84
一回拍出量　30, 33, 87, 118
遺伝　16

インスリン　41, 42, 43, 44, 57, 58, 59, 63, 65, 68, 77
　　――リバウンド　77
インターバルトレーニング　119
インターミッテントトレーニング　13

右心室　30
右心房　30
運動神経　6, 8, 9
運動性無月経　67
運動代謝量　37
運動単位　102
運動ニューロン　9

エアロビクス　22
エキセントリックトレーニング　108
エストラジオール　67
エストリオール　67
エストロゲン　65, 67
エネルギー供給機構　19, 20
遠心性経路　8
遠心性神経　8
延髄　5, 6, 9, 25, 31
エンドセリン　61, 62

黄体刺激ホルモン　65
黄体ホルモン　65, 67

[か]
解糖　72
　　――過程　15, 20
　　――系　87, 113
科学的トレーニング　98
可逆性の原理　98
拡散　27, 28
下垂体　49, 50, 53
　　――ホルモン　50, 53
　　――門脈　50
ガス交換　27
滑走説　15

活動電位　107
カテコールアミン　43, 44, 53, 56, 57, 59, 61, 63, 68
過負荷の原理　98
カリウムイオン　12
カルシウムイオン　73
カルシウム濃度　49
感覚神経　6, 8
換気性閾値　116
換気量　23, 24, 25, 26, 30, 115, 117
肝臓　19, 29
環椎　127
間脳　5
γ運動ニューロン　10, 11
寒冷順化　86

気化熱　83
基礎代謝量　37
拮抗筋　11
拮抗作用　6
脚　31
求心性経路　8
求心性神経　8
橋　5, 6
胸髄　6
胸椎　127
筋
　　肩の――132
　　胸部の――131
　　頚部の――131
　　全身の――129
　　大腿部の――134
　　背部の――133
　　腹部の――131
筋横断面積　102
筋グリコーゲン量　77
筋形質膜　14
筋血流量　113
筋原線維　14, 15
筋収縮　41, 73, 79
　　――速度　102
筋周膜　14

筋小胞体　14, 15
筋節　3, 15
筋節長　107
筋線維　9, 14, 16
　——組成　107
　——肥大　102
筋束　14
筋の形状　130
筋肥大　106
筋疲労　71, 73, 85
筋ポンプ　35

クエン酸回路　20
クエン酸シンターゼ　118
グリコーゲン　14, 15, 19, 20, 41, 71, 72, 74, 77, 85, 111, 115
　——の解糖系　19
　——ローディング　77, 97
グルカゴン　43, 49, 57, 59
グルコース　41, 42, 46, 50
グルココルチコイド　54
グルタミン酸　46, 75
クレアチンサプリメント　76
クレアチンリン酸　19, 71, 72, 101
クレブス回路　20
グロビンタンパク　29

頚椎　127
血管平滑筋　62
月経　30, 65
　——周期　67
血色素　28
血漿　28, 77, 83
　——浸透圧　84
血中アミノ酸　47, 71
血中乳酸値　112
血中リポタンパク　43
血糖　41, 74, 77
減量　97

後角　3, 6, 10
交感神経　6, 31, 49, 61, 63
　——系　84
甲状腺ホルモン　44, 53, 57, 59
高所順化　87

高所トレーニング　120
後頭葉　5
呼吸循環器系　93
呼吸数　24, 25, 26, 27, 36
骨格筋　13, 14, 41, 45, 56, 61, 62, 71, 79, 112, 116
骨髄　29
コハク酸脱水素酵素　118
コリン作動性交感神経　61
コルチゾール　43, 44, 50, 57, 59
コレステロール　56
コンセントリックトレーニング　108
コンディショニング　95

[さ]
サーカディアンリズム　96
サイクリックGMP　62
最高心拍数　120
最大挙上重量　108
最大酸素借　113
最大酸素摂取量　22, 23, 29, 36, 114, 115
最大心拍数　31
最大無酸素パワー　115
サイロキシン　59
左心室　30
左心房　30
サルコメア　15
　——長　107
酸化系酵素　118
酸素　3
　——運搬能力　23, 28
　——供給　87
　——借　36
　——摂取量　19, 22, 25, 30, 36, 38
　——負債　36, 37
　——分圧　87

持久力　22
死腔　24, 25
軸索突起　12
軸椎　127
刺激伝導速度　107

脂質　37, 41
視床　5
　——下部　5, 49, 50, 53, 54, 63, 65, 79
　——下部内腹側核　68
　——後部　5
　——上部　5
持続走　119
死点　36
自動運動　3, 10, 11
シナプス　10, 12
　——小胞　56
脂肪酸　42, 43, 50
　——酸化　46
終脳　5
手骨　128
樹状突起　12
順化　85, 86, 87, 118
　寒冷——　86
　高所——　87
　暑熱——　85, 86, 118
循環血液量　84
小脳　6, 9
上皮小体　49
静脈還流　33, 34, 35
上腕筋　132
初経　65
暑熱順化　85, 86, 118
徐脈　31, 33
自律神経　6, 79
　——系　6
心拡大　34
心拡張　34
心筋　13
神経筋単位　102
神経系　49
神経支配比　9
神経終板　3, 12, 14, 15
神経終末　3, 12
心臓　19, 23, 30, 33, 34, 35
伸張—短縮サイクル　108
伸張反射　11
心電図　31, 33
心拍出量　23, 30, 115
心拍数　31, 33, 35, 36
　——予備　120

心肥大　34
心容積　34
心理的限界　95, 106
随意運動　3, 6, 8, 9, 11
随意筋　13
髄質　54, 56
髄鞘　12
水素イオン　71, 72, 73
膵臓　57
　　――ホルモン　57
錐体外路系　9
錐体路系　9
膵島β細胞　57
ステロイドホルモン　53, 57
ストレス　49, 98
スピード　103
　　――トレーニング　102
スポーツ心臓　33, 34, 118

性ステロイドホルモン　67
性腺刺激ホルモン　65
成長ホルモン　50, 59, 68
性ホルモン　67
生理的限界　95, 106
生理的年齢　91
セカンドウィンド　36
赤筋　15
脊髄　3, 6, 8, 9, 10
　　――神経　6
脊柱　126
　　――起立筋　133
赤血球　28, 29, 87, 117
セットポイント　80
セロトニン　75
前角　3, 6, 8, 9, 10
仙髄　6
前頭葉　5, 8
前腹筋　131

足骨　128
側頭葉　5, 8
速筋　15, 16, 36

[た]
体温　79, 80
代謝　30

　　――性アシドーシス　117
体循環　30
大静脈　30
体性神経　6
大腿後側筋　134
大動脈　30
第二次性徴　65
大脳　3, 5, 8, 15
　　――運動野　102
　　――基底核　9
　　――新皮質　11
　　――皮質　5
　　――辺縁系　5
体力トレーニング　89
タウリン　75
単シナプス反射　10
弾性エネルギー　108
男性ホルモン　93
タンパク質　15, 29, 30

力　103
遅筋　15, 36
中枢神経系　3
中枢疲労　74, 75
中性脂肪　41
中脳　5, 6
超過回復　96
跳躍伝導　12
チロシン　75

低血糖症　71
定常状態　36
テーパリング　96
テストステロン　61, 67
デッドポイント　36
鉄分　15, 29, 30
電解質コルチコイド　56, 57

洞結節　30
糖質　19, 37, 39, 41, 74, 77
　　――コルチコイド　56, 57
頭頂葉　5, 8
特異性の原理　98
トリカルボン酸サイクル　20
トリプトファン　75
トリヨードサイロニン　59

トレーニング効果　96, 102
トレーニングの原則　93
トロポニン　73

[な]
内臓筋　13
内分泌系　49
ナトリウムイオン　12
ナトリウムポンプ　12

二酸化炭素　27, 28, 30
乳酸　20, 29, 72, 112
　　――性閾値　54, 60, 77, 87, 116
　　――性供給機構　19, 20, 21
　　――性パワー　91, 101, 111, 113, 115
　　――脱水素酵素　43, 113
ニューロン　10, 12
　運動――　9
　α運動――　9, 10, 11
　γ運動――　10, 11

熱産生　80
　　――量　79
熱放散　79, 80, 81, 86
　　――機構　79, 83
　　――量　79, 85

脳幹　5, 6, 10
脳神経　5, 6
ノルアドレナリン　54, 56, 61, 75

[は]
肺拡散能力　23, 27, 115, 117
肺循環　30
肺静脈　30
肺動脈　30
ハイパワー　89
肺胞　27, 28, 86
　　――気　25
バソプレッシン　54
発汗　29
白筋　15
パラソルモン　49

バリン 41, 46
パワー 103
反射 8, 10, 25
　　——運動 3
　　——弓 10
反応 8

ピーキング 96, 98
皮質 54, 56, 57
ヒス束 31
非乳酸性供給機構 19, 20, 21
非乳酸性パワー 91, 101
ピルビン酸 20, 43
貧血 28, 29, 36, 115
頻脈 31

ファルトレイク 119
フィードバック調節 50, 59, 68
フィードフォワード機構 68
不感蒸泄 84
副交感神経 6, 61
輻射 80
副腎 54, 58
　　——ホルモン 54
副腎髄質 56
　　——系 49
　　——ホルモン 56
副腎皮質 50, 84
　　——系 49
　　——刺激ホルモン 50
　　——ホルモン 56
不随意運動 3, 9, 10
不随意筋 13
不整脈 33, 35
プライオメトリックトレーニング 108
プルキンエ線維 31
プロゲステロン 53, 65, 67
プロスタグランジン 62
分岐鎖アミノ酸 41, 46, 47, 75

ペース走 119
βアドレナリン受容体 44
βエンドルフィン 68
ペプチド 46

　　——ホルモン 53
ヘムタンパク 29
ヘモグロビン 28, 29, 87, 115, 117

傍糸球体 57
房室結節 31
ホスホフルクトキナーゼ 72
ホメオスタシス 49, 65, 71
ポリモダル受容体 68
ホルモン 49, 79

[ま]
末梢血管抵抗 118
末梢神経 5, 6
　　——系 3, 6
ミオグロビン 15, 35, 36
ミオシン 15, 72
　　——フィラメント 3
ミトコンドリア 14, 20, 44, 47, 72
ミドルパワー 89
ミルキングアクション 35

無月経 65, 67
無酸素性エネルギー供給機構 20, 22
無酸素性供給機構 19, 22
無酸素性作業閾値 116
無酸素性パワー 103

迷走神経 31, 33
免疫系 49

毛細血管 27, 87, 115
　　——密度 118

[や]
有酸素性エネルギー供給機構 20
有酸素性供給機構 19, 21, 22
有酸素性能力 22, 29
有酸素性パワー 91, 101, 103, 115
遊離脂肪酸 19, 20

溶血 29
腰髄 6
腰椎 127

[ら]
ランゲルハンス島 49, 57
ランビエの絞輪 12
卵胞刺激ホルモン 65, 67
卵胞ホルモン 65, 67
レジスタンストレーニング 61, 102, 107, 113
レニン活性 57, 84
レニン分泌 57
レペティショントレーニング 119

ロイシン 41, 46
ローパワー 89
ローマン反応 71

[欧文索引]
ACTH 54, 56, 57, 68
ADH 54, 57
ADP 19, 71, 72
AMP 19, 71, 72
AMPK 42
ANP 53, 60
AT 116
ATP 19, 22, 35, 42, 71, 72, 91, 101
ATPase 73
ATP-CP系 19, 20
ATP再合成 20, 74
ATP産生 46
A帯 15
BCAA 41, 46
Cペプチド 57
CP 101
CRH 54
EDRF 61, 62
FG 91
　　——線維 15, 16, 101, 109
FOG 91
　　——線維 15, 16, 111

FT 線維　16
HRmax　120
H 帯　15
IMP　72
I 帯　15
K$^+$　12
LSD　119
LT　116
MET　37
METs　121
motor unit　9
Na$^+$　12
neuromuscular unit　9

NO　62
OBLA　116
PFK　113
pH　72, 73, 117
PHV 年齢　92
Pi　71, 72
1RM　108, 109
RMR　37
RQ　37, 38
sliding theory　15
SO　91
　――線維　15, 112, 115
ST 線維　16

T$_3$　59
T$_4$　59
TCA 回路　19, 20, 22, 74
T 管　3
VMH　68
VT　116
$\dot{V}CO_2$　38
$\dot{V}_E$　24
$\dot{V}O_2$　22, 38
$\dot{V}O_2$max　22, 100, 115, 116, 117, 118
Z 線　15
Z 膜　3, 15

2001年 1月22日　　第1版第1刷発行
2006年 3月 1日　　　　第3刷発行
2007年 4月20日　　第2版第1刷発行
2024年 3月10日　　　　第5刷発行

からだを動かすしくみ　第2版
定価（本体2,500円＋税）　　　　　　　　　　　　　　　　　　　　　検印省略

　　　　　　　　　　　著　者　中本　哲 ©
　　　　　　　　　　　　　　　井澤 鉄也 ©
　　　　　　　　　　　　　　　若山 章信 ©
　　　　　　　　　　　発行者　太田 康平
　　　　　　　　　　　発行所　株式会社　杏林書院
　　　　　　　　　　　　　　　〒113-0034　東京都文京区湯島4-2-1
　　　　　　　　　　　　　　　Tel　03-3811-4887（代）
　　　　　　　　　　　　　　　Fax　03-3811-9148
　　　　　　　　　　　　　　　http://www.kyorin-shoin.co.jp

ISBN 978-4-7644-1088-6　C3047　　　　　　　印刷・製本：三報社印刷
Printed in Japan
乱丁・落丁の場合はお取り替えいたします．

・本書の複製権・翻訳権・上映権・譲渡権・公衆送信権（送信可能化権を含む）は株式会社杏林書院が保有します．
・JCOPY ＜（一社）出版者著作権管理機構 委託出版物＞
　本書の無断複製は著作権法上での例外を除き禁じられています．複製される場合は，そのつど事前に，（一社）出版者著作権管理機構（電話 03-5244-5088, FAX 03-5244-5089, e-mail：info@jcopy.or.jp）の許諾を得てください．